Stories
from the
Bible

廣泛閱讀

聖經的故事

17篇說給孩子聽的經典文學

文字：凱瑟琳・朗・巴斯特隆
繪圖：狄娜拉・米塔利波拉
翻譯：宋宜真

總編輯：鄭如瑤 ∣ 責任編輯：陳怡潔 ∣ 美術編輯：張雅玫
社長：郭重興 ∣ 發行人兼出版總監：曾大福
業務平臺總經理：李雪麗 ∣ 業務平臺副總經理：李復民 ∣ 實體通路協理：林詩富
網路暨海外通路協理：張鑫峰 ∣ 特販通路協理：陳綺瑩 ∣ 印務經理：黃禮賢
出版與發行：小熊出版・遠足文化事業股份有限公司
地址：231新北市新店區民權路108-2號9樓
電話：02-22181417 ∣ 傳真：02-86671851
劃撥帳號：19504465 ∣ 戶名：遠足文化事業股份有限公司
客服專線：0800-221029 ∣ Facebook：小熊出版
E-mail：littlebear@bookrep.com.tw
讀書共和國出版集團客服信箱：service@bookrep.com.tw
讀書共和國出版集團網路書店：http://www.bookrep.com.tw
團體訂購請洽業務部：02-22181417 分機1132、1520
法律顧問：華洋法律事務所 / 蘇文生律師
印製：凱林彩印股份有限公司
初版一刷：2018 年 1 月 ∣ 二版一刷：2019 年 11 月
定價：650 元 ∣ ISBN：978-986-5503-07-9

版權所有・翻印必究 缺頁或破損請寄回更換
特別聲明 有關本書中的言論內容，不代表本公司／出版集團之立場與意見，
文責由作者自行承擔

國家圖書館出版品預行編目（CIP）資料

聖經的故事：17篇說給孩子聽的經典文學／凱瑟琳・
朗・巴斯特隆（Kathleen Long Bostrom）文；狄娜拉
・米塔利波拉（Dinara Mirtalipova）圖；宋宜真譯. --
二版. -- 新北市：小熊出版；遠足文化發行，2019.11
128面；28×24公分. --（廣泛閱讀）
譯自：Stories from the Bible : 17 treasured tales from the
world's greatest book
ISBN 978-986-5503-07-9 （精裝）
1.聖經故事
241   108016772

小熊出版讀者回函　　小熊出版官方網頁

Stories from the Bible

聖經的故事

17 篇説給孩子聽的經典文學

文字 凱瑟琳·朗·巴斯特隆

繪圖 狄娜拉·米塔利波拉

翻譯 宋宜真

Little Bear Books

我滿心的愛，獻給凱莉、史蒂芬諾、馬堤歐和佛朗西絲卡。
你們永遠在我們心中。永遠的親親寶貝。愛你們。
——凱瑟琳

獻給我摯愛的祖母莉莉亞·瑟吉耶芙納·塔利波法。
——狄娜拉

文字｜凱瑟琳·朗·巴斯特隆（Kathleen Long Bostrom）
出版過40多本書，累計銷售超過200萬冊。作品被翻譯成多國語言，在梵蒂岡書店也能找到她的著作。
1983年被任命為「美國長老會」部長，1998年曾擔任「長老會作家公會」理事長兩年，
同時也是「國際童書作家與插畫家協會（SCBWI ）」的成員。曾獲David Steele傑出作家獎。

繪圖｜狄娜拉·米塔利波拉（Dinara Mirtalipova）
畢業於故鄉烏茲別克的國立塔什干經濟大學，其後靠自學追求夢想，成為插畫家與設計師。
曾於知名賀卡設計公司American Greetings擔任卡片設計師，2014年轉職為自由創作者。

翻譯｜宋宜真
畢業於臺灣大學物理系、哲學所，比利時魯汶大學神學學士。
資深基督徒，小時候聽媽媽讀圖畫聖經，會認字後讀有注音的聖經，高中時用考試精神讀聖經，大學、研究所時運用經文批判法來讀聖經。
當媽媽後，再度拿起圖畫聖經讀給孩子聽。深深認為讀聖經需要好的讀本、好的版本和好的詮釋。

目次

聖經・舊約

創造世界

每個故事都有個開始。

創造世界的故事，就從神開始。在什麼都還沒有的時候，神就在那裡了。祂什麼都能做，而且想像力非常驚人。所以就在世界的開始，也就是我們故事的開始，神決定著手創造。

你可以想像一頁空白的書頁，上面沒有圖畫，也沒有文字；或是想像一首歌，但是既沒有旋律，也沒有歌詞。

神還沒有創造天和地之前，一切就像這樣。

當時沒有樹、沒有山、沒有鳥，也沒有動物，更沒有人。只有深深的漩渦，以及一片黑暗和空虛。

世界什麼都沒有。

只有神的靈，也就是神的氣息，在水面上打轉著。

神左想想、右想想，「我該拿這個什麼都沒有的世界怎麼辦？」接著，祂開始冒出各式各樣的想法。

「光！」祂覺得這個字真好聽，「讓光出現吧！」於是光就這麼出現了。

神說：「光真是美好！」

神把光和暗分開，並為光和暗命名。

「我要稱光為『白天』，稱暗為『黑夜』。」

現在有了白天與黑夜，第一天就這樣完成了。

有了光，也有了白天和黑夜，神接著創造出秒、分和小時，這些都是以前沒有的。時間就這麼開始了。

但是神繼續冒出更多想法。

神想著：「我應該用這些水做一些事。」於是水開始湧出，四處流動。

神把一些水潑到上方，創造出「天空」，很多種顏色變化的天空。

「有天空真好！」

又過了一個黑夜和白天，來到第二天。

水覆蓋了地表上所有東西。神左想想、右想想，「啊！來造個陸地，還有海洋吧！」祂把水聚集成波濤洶湧、浪花四濺的汪洋和大海，以及波光粼粼的湖水，再細細分成河川、溪流和小池子。陸地終於現身，穩穩躺在天空之下，偉大的群山和深谷，岩石、沙礫和泥土，也一一出現。

神說：「很好。」

但第三天還沒有結束。神開始跳舞，陸地搖晃起來，植物、樹木，還有所有你想得到和想不到的東西，都從地面生長出來。樹木和植物拍著雙手讚美：

龍柏、龍膽和龍眼；

毛櫸、毛豆和貓薄荷；

蒲瓜樹、蒲公英和葡萄；

蘆竹、蘆葦和蘆筍；

白樺、白果和百合花——這還只是其中幾樣。

樹木和植物，長出了蔬菜、果實和種子：

花椰菜和花生；

芭蕉和芭樂；

番薯和番石榴；

還有花！對，還有花！蓮花、蘭花和流蘇，鬱金香、鳶尾花和玉蘭花——所有花朵一字排開，染上不同色彩。

色彩！突然間，整個世界充滿了顏色。不只是紅、橙、黃、綠、藍和紫，還有朱紅、紅褐、金黃、翠綠、藍紫、藏青、洋紅、墨黑、灰黑和奶黃色。神把整個世界包裹在色彩繽紛的彩虹裡。

氣味！現在空氣中充滿過去不存在的宜人香氣：甜美的茉莉、辛香的丁香、嗆辣的松脂。

隨著神的一呼一吸，花朵也在微風中搖曳。

第三天，真是充滿驚奇的一天。神說：「好，很好，非常好！」

第四天，神注視著天空。祂聚集一大束光，然後捏出形狀。神把這顆熱騰騰的球稱為「太陽」。

神又拿起石頭和塵土攪一攪，造出「月亮」。月亮會反射太陽的光，因此白天與黑夜都各自有了獨特的亮光。

太陽和月亮輪流出現在天上，標示出每一天、每一週，以及每個季節：夏季、秋季、冬季、春季。每個季節都讓人驚奇。

神歡喜拍著手，將閃亮的星辰撒遍宇宙，在各處閃閃發光。天空中美麗的景色都在頌讚著造物主的榮耀。

神說：「很好。」

第五天，神在色彩和氣味之外，又創造了聲音。

其實，祂創造的是水裡和空中的生物。

從海龜到海馬；

從章魚到鯊魚；

從大鯨魚到小磷蝦，

神創造出各種水中生物。

從老鷹到雀鳥；

從烏秋到烏鴉；

從喜鵲到孔雀，

神創造出各種鳥類在空中。

噢，聲音！嘩啦嘩啦，舞動的游鰭！啪嗒啪嗒，翻飛的雙翼！嘎嘎吱吱，嘰嘰

喳喳，大海和天空充滿愉悅的聲響。

神笑著說：「讓世界充滿生命和聲音吧！」

現在，大海和天空滿滿都是生物。第六天，神開始創造陸地上的生物。

陸地上出現更多顏色、更多氣味、更多聲音！造物主的想像力源源不絕，停不下來。

張著大嘴吼叫的獸類在地上蹦蹦跳跳、左翻右滾，追趕跑跳。

長脖子的長頸鹿、大耳朵的大象、神出鬼沒的蛇，以及唬人的虎貓，還有好多好多。神繼續創造更多生物。

神又在大海、天空和陸地的生物身上彩繪圖案。

斑馬身上的條紋、大麥町狗身上的斑點、變色龍千變萬化的色澤。

除此之外，神還創造蟲子、蝴蝶，以及所有在地上爬行、蠕動、忙進忙出的生物，然後一一給予祝福。神喜愛綠色的牧草、平靜的水、雄偉的山，以及所有活著的生命。神喜愛顏色、氣味和聲音。神愛所有一切。

祂說：「好，很好，非常好！」

但是最好的才正要開始。

神需要一個誰來照顧大地、海洋和天空，照顧草地和山嶺，照顧所有花、草、樹木和鳥獸。

快點想、努力想、認真想。神左想想、右想想。

能力高強又想像力豐富的神說：「我知道了！我最後要創造的，是『人』！他們就像我一樣，能思考、能愛、能創造，能分辨對與錯，具有仁慈和愛心。他們會珍愛這個美麗的世界，並樂於和他人分享這個世界。我會愛他們，他們也會愛我，會好好照料我創造的一切。

神從地上抓起一把塵土，創造出亞當，這個名字的意思是「從土而來」。為了不讓亞當單獨一人，神又創造夏娃，夏娃的意思就是「生命」。神吹了一口氣，將

祂自己的靈，吹到男人亞當身上，又吹了一口氣到女人夏娃身上，接著把他們放到世界上，和其他奇妙的受造物和平共存。

神說：「這真是美好，簡直好極了，美妙無比！」

實在完美。

從神創造世界以來，祂第一次開口對受造物說話。祂對亞當和夏娃說：「看看四周！看看這美麗的世界。我把所有的都給你們，是全部喔！好好照顧這一切，天空、陸地和海洋，樹木、花朵和綠草，太陽、月亮和星星，魚、鳥和所有生物。」

亞當和夏娃唱歌頌讚著。他們愛著彼此，也愛著神。一切事物都是原本該有的樣子。

神對著天和地微笑，深深吸了一口氣，打算坐下好好欣賞這一切。所以，在第七天，一切都就定位，創造世界的神開始休息了。這天成了特別的日子，一個神聖的日子。在這天，必須感謝並且記得，在很久很久以前，故事是怎麼開始的。

伊甸園

在這美妙的世界裡，有個美麗的花園。花園中有很多翠綠的樹，樹上結滿了成熟多汁的果實。色彩繽紛的鳥兒站在樹枝上，嘰嘰喳喳喧鬧著，園內充滿愉悅的聲音。

清涼的水流過石頭，就像銀色的溪流，滋潤樹木和草地。

神把這個花園叫做「伊甸」，意思是「愉快」和「喜悅」。伊甸園的確是這樣的地方。

亞當和夏娃就住在這個花園裡。

神把所有需要的東西都準備好了：一個安全的地方，裡面有他們想要的所有食物。他們永遠不會孤單，也不會害怕。神愛他們，他們也信賴依靠創造他們的神。

只有一件事情神要求他們遠離。

神告訴他們：「所有樹上的果實你們都可以吃，只有花園中央那棵樹的果實不可以吃，就是那棵關於善惡知識的樹。」

亞當和夏娃對那棵樹沒有太多想法，因為他們已經擁有所需要的一切。

但是有一天，一條蛇讓他們對那棵樹多想了一下。這條蛇心眼壞又狡猾，一直想騙亞當和夏娃做些讓神不高興的事情。

蛇在夏娃耳邊嘶嘶說著：「看到花園中央那棵樹了嗎？為什麼你不能吃那些果子呢？吃了之後你就會和神一樣有智慧，不會有什麼害處的。相信我。」

夏娃明明知道不能吃那些果子，但是蛇這麼一說，讓她開始對神交代的事情半信半疑。

善惡知識的樹看起來比伊甸園中其他果樹更美麗，果子看起來也更好吃。

夏娃伸出手，從樹枝摘下果子咬了一口。因為她總是與亞當分享一切，所以她

也讓亞當咬了一口。

但亞當和夏娃馬上就知道他們做錯事了。他們從來沒做過錯事，而做錯事的感覺並不好。他們覺得害怕。

神喜歡找亞當和夏娃聊天，他們也喜歡和祂講話。但是那天傍晚，神來到花園找他們的時候，他們卻躲了起來。

神呼叫著：「亞當！夏娃！你們在哪裡？」

神馬上就知道亞當和夏娃做了什麼事，因為他們從來沒有這樣躲起來。

神問他們：「你們做了什麼？是不是吃了我說不可以吃的果子？為什麼要這麼做？」

亞當和夏娃開始怪罪對方，這也是從來沒發生過的事。的確，在他們決定違背神之前，也沒有理由彼此怪罪。

神感到前所未有的難過，他悲傷、生氣又失望。

神知道一切都不一樣了。

果實從樹上咕嚕滾下、撲通落下、啪嗒砸碎，鳥兒不再嘰嘰喳喳地聊天唱歌，河水流動像是在嗚咽。

　　神告訴蛇：「滾！因為你做的壞事，從現在開始，你只能在地面上貼著泥土爬行。其他生物也會怕你。」

　　神接著對亞當和夏娃說：「你們必須離開這座花園。」

　　祂的口氣十分悲傷。

　　「你們需要的，我統統給你們了。我給你們這個世界，還有你們彼此。我承諾要照顧你們，你們卻不信賴依靠我。你們必須離開這裡。」

　　神縫製了衣服給他們，然後送他們上路。亞當和夏娃離開了伊甸園。

　　一切都變了。

　　只有一件事沒變：神依然愛著亞當和夏娃，遠超過他們所知道的。沒有事情能改變祂的愛。

20

挪亞和方舟

　　神創造時間後，它就開始滴滴答答流動。秒、分、時、日、週、季，夏天、秋天、冬天、春天。

　　一年又一年過去，人們開始忘記神了。

　　他們忘記神有多愛他們，忘記造物主要他們照料所有生物。

　　人們開始變得暴力、壞心、自私。他們不再讚美神，只想著自己，也不管是否會傷到其他人、傷害這個世界。

　　神生氣了。祂創造的花草樹木，以及所有奇妙生物，不應該受到這樣的對待。神不曾創造過殘暴的人，所以當祂看到人們互相傷害，還傷害其他受造物，祂生氣了。祂同時也很悲傷，非常、非常悲傷。

　　祂傷透了心。

　　神想著：「我要重新來過。我要消滅所有的受造物，然後從頭開始。」

　　但是造物主無法就這樣放棄每個人、每件事。有個人叫做挪亞，他還愛著神。挪亞的三個兒子也愛著神，而且仍照顧著所有生物。雖然整個世界都離開神，挪亞卻沒有離開。

因為挪亞，世界仍然有一點點愛與仁慈，所以神決定出手拯救。

祂告訴挪亞：「造一艘船，裡面要有足夠的空間，讓你和你的妻子、兒子、媳婦都能進到裡面。還要有足夠的空間，讓天上飛的、地上爬的都能進到裡面。別忘了食物！你會需要很多食物，要能餵飽所有人和所有動物很長很長一段時間，因為大洪水就要來了。」

挪亞確實照做。他建造一艘大船，叫做「方舟」，讓全家人都能進去。他還造了甲板、馬廄、柵欄、雞舍、鳥巢、籠子，好讓所有動物居住——孔雀、麻雀和藍鵲，長脖子的長頸鹿，大耳朵的大象，以及唬人的虎貓都來了。

建造方舟費時費力，但是挪亞沒有放棄，因為神也沒有放棄他。

挪亞照著神的吩咐，所有動物都找來一公一母，也準備好許多食物。當一切準備就緒，所有人、所有動物和所有東西都上了船。

天開始下起雨來。

雨一直下，一直下，下了整整四十個白天和黑夜。小水池變成大湖泊，大湖泊變成汪洋。沒多久，方舟就漂浮在深水之上，放眼望去看不到一塊陸地。

雨像是永遠下不完，陸地彷彿永遠不會浮現，憤怒的天空槌打著閃電和暴雷，方舟中的動物飽受驚嚇。飛鳥撲著翅膀亂跳亂叫，走獸驚慌嘶吼、連爬帶滾，在牠們的甲板、馬廄、柵欄、雞舍、鳥巢、籠子中，蜷著身子發抖。

挪亞和他的妻子、兒子，以及媳婦，在擁擠、充滿動物氣味的方舟中，愈來愈感到厭煩。他們渴望回到陸地，窩在自己的家，但是陸地、家，還有所有人和所有東西，都在水面下。一切創造都遭到摧毀，這讓挪亞和他的家人非常難過。

最後，雨終於停了。不過挪亞一家人和所有動物還是得在方舟裡待好幾個月，等水退去。

神在水面上吹起一陣風，水開始逐漸退去。

終於，山的頂端露出水面。砰！方舟就停靠在山峰。

挪亞放出一隻烏鴉，牠快樂地飛向天空。但烏鴉不斷飛出去又飛回來，牠想找塊陸地歇腳，整個世界卻還在水面下。

之後，挪亞把鴿子捧在手上，再讓牠飛出去。鴿子啪嗒啪嗒拍著翅膀起飛了，但是牠也找不到地方落腳，所以又回來了。

挪亞伸出手來，讓疲憊的鴿子休息。

一週之後，挪亞決定讓鴿子再試一次。這次鴿子啣了一份禮物回來，是橄欖樹的樹枝。

挪亞說：「這是好徵兆！」

又過了一週，鴿子再次出發，這次牠沒有飛回來。

挪亞快樂地喊著：「終於！」

方舟充滿熱鬧的聲音，挪亞和他的妻子、兒子、媳婦，

以及所有飛鳥走獸都高興得又叫、又笑、又跳。

神告訴挪亞：「你們可以出去了。」

挪亞說：「謝謝祢！」

神說：「放出所有飛鳥和走獸，讓整個世界重新充滿生命！」

走獸叫著跳著、笑著擠著，一窩蜂湧出方舟。飛鳥聒噪不休，胡亂翻飛，一股腦地衝向天際。

挪亞一家人深深吸了一口乾淨新鮮的空氣，大聲讚美神。

神承諾：「以後不會再發生同樣的事情了。不論人們做出什麼事，我都不會再放棄他們。我保證。」

神的指頭伸向天空，一道弧形的彩色光芒向前劃開。

是彩虹！

神說：「當我看著大地，我會看到彩虹，我就會記得我對你的承諾。」

當我們看到彩虹出現在雲端，我們也會記得。

我們會記得，神永遠不會放棄我們。

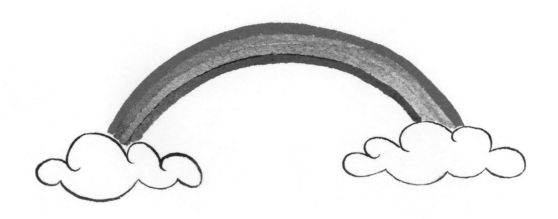

名為笑聲的兒子

挪亞明白，當神要你做某件事情時，照著做就對了。

亞伯拉罕是挪亞的後代，他也明白這件事。神對他講話時，他很認真在聽：「離開這裡，這個你住了許多年的家。我要帶你到新的地方，你要住在那裡。我會祝福你，讓所有人都知道你！你會有許多孩子、孫子、曾孫，世上所有人都會因為你而得到福氣。我保證，你會為許多生命帶來好處。」

亞伯拉罕不知道這些事情要怎麼實現，但是他信賴依靠神。神做出承諾，他深信不疑，即使要實現這些承諾還要很長一段時間。

神對亞伯拉罕和他的妻子撒拉說這些話時，他們已經老了，但他們還是照做。他們打點好羊群、駱駝、牛群、驢子，也收拾好杯盤、毯子、帳篷，開始前往他們的新家。沿途只要停下休息，亞伯拉罕就會敬拜神。

最後，他們抵達了神承諾要給他們的那片土地，那片應許之地——迦南。

神高興地說：「看看四周，往北、往南、往東、往西看看。你看到的整片土地都會是你的。」

綠色草原像地毯鋪滿整片土地，上面有幾株高壯的樹木。閃閃發亮的河水滋潤樹木和草地，動物也在岸邊飲用清涼乾淨的河水。神給亞伯拉罕的這片土地，可以永遠滋養他的家族。

接著神說：「你數得出海邊的沙有多少嗎？數數看，數不清的！有一天，你的後代也會像海邊的沙那麼多。」

亞伯拉罕和撒拉很想知道這究竟要怎麼辦到，因為他們沒有小孩。但是他們信賴依靠神。

他們在橡樹林旁安營。白天陽光強烈時，橡樹粗壯的枝葉為他們遮蔭。鳥兒就在枝葉間築巢，唧唧啾啾唱著歌，生活十分美好。

夜晚，亞伯拉罕和撒拉就躺在帳篷休息。他們很快樂，卻又覺得難過。他們想要個孩子，但是他們年紀太大，沒辦法生小孩了。

神溫和地說：「不要難過，我會一直看著你、照顧你。要記得我的應許，你的後代，會像天上的星星那麼多。」

因此亞伯拉罕和撒拉繼續信賴依靠神，相信神給過的承諾。換做其他人，早就放棄了。

日升日落，日子就這樣過去。轉眼間，亞伯拉罕將近一百歲了，撒拉也將近九十歲。

神再次提醒亞伯拉罕祂給予的承諾：「你會成為許多人的父親，撒拉會成為許多人的母親！你的後代子孫，會有許多人當王。」

亞伯拉罕俯伏屈身，臉貼著地，心裡卻偷偷笑著：「一個老男人和老女人要生孩子？哪有可能。」他不想對神不敬，畢竟神應許的土地已經真的實現。

但神還是聽到亞伯拉罕偷笑。祂說：「明年，撒拉會生一個兒子，我還要告訴你取名：『以撒』。你知道這個名字的意思嗎？就是『笑聲』。」接著神就離開了，不再多說什麼。

幾週之後，一個夏季炎熱的日子，撒拉在帳篷內休息，亞伯拉罕則坐在戶外的樹蔭下乘涼。忽然，他身邊站著三個人，他沒看到，也沒聽到他們走過來。

亞伯拉罕趕緊站起來。他是親切好客的人，馬上上前迎接這三個陌生人，歡迎他們到來。

「請往這邊！」他邊說邊帶他們到橡樹下。

「來這蔭涼的樹蔭下休息，我去拿水來幫你們洗腳。等一下跟我們一起用餐後再上路。」

亞伯拉罕一頭鑽進帳篷喊著：「撒拉，有客人喔！請快去烤些餅來吧！」

撒拉揉著惺忪的睡眼回答：「好的。」她和丈夫一樣，都很親切好客。

接著亞伯拉罕吩咐僕人：「煮一些最好的肉來。」僕人也照做了。

他端出肉和餅，還有一些優格和牛奶，讓這些陌生旅人在戶外享用了美味的一餐。

他們一邊吃，其中一人一邊問道：「你的妻子撒拉在哪裡呢？」他從未見過撒拉，竟然知道她的名字。

亞伯拉罕說：「她在帳篷內休息。她老了，已經九十歲了。」

那個人身體前傾，微笑著說：「亞伯拉罕，我要告訴你一個很棒的消息。明年，你和撒拉會生下一個小男嬰，你們自己的兒子。」

撒拉在帳篷內，豎起耳朵，用布滿皺紋的雙臂環抱著又老又疲累的身體。她覺得身體裡面冒出一顆充滿笑聲的泡泡，她努力壓住泡泡，但泡泡還是冒了上來。

「哈哈哈！」笑聲跑了出來，她趕緊用手遮住嘴，蹲縮在長袍之中，努力不要發出聲音。

她內心想著：「我會生小孩？別說我這麼老了，亞伯拉罕更老！他們在說什麼啊！這可是我聽過最好笑的事了！」

其實神喬裝成其中一個旅人，他對亞伯拉罕說：「我聽到了。」

亞伯拉罕說：「聽到了什麼？」

「我聽到撒拉的笑聲。她為什麼要笑？有什麼事情能難倒神嗎？記住我的話，明年這個時候，你們會生一個兒子。」

撒拉不敢笑了，原本的笑聲現在變成畏懼的顫抖。

她喊道：「不是我，我沒有笑！」

神說：「就是你。」說完這三個旅人就離開了。

一年後，亞伯拉罕和撒拉真的快樂地笑了。他們的笑聲穿過如茵的草原，震動了高大橡樹上的葉子，甚至飄上天，觸動滿天閃爍的星辰。

因為撒拉的臂彎裡，有個男嬰包覆在一張柔軟的毯子裡。

亞伯拉罕說：「他比世界上一切東西都還美麗！」

男嬰的名字，就照神所說的，叫做「以撒」。

撒拉說：「還有什麼比這個名字更適合他？神把笑聲帶入我們的生命裡。兩個老人要生小孩？這說出來會讓人笑壞，但我不在乎！他們也會和我們一起歡笑的，因為我們是這麼快樂啊！」

神真的實現了祂對亞伯拉罕和撒拉的承諾。

因為神從不毀諾。

約瑟和他的美麗外衣

以撒的兒子雅各，擁有十二個兒子和一個女兒。其中，他最愛約瑟，因為約瑟是在雅各年老的時候才出生的。

有一天，雅各給約瑟一件特別的外衣。這件外衣非常美麗，帥氣得不得了，雅各其他兒子的外衣都比不上。這件外衣閃耀著神創造的顏色：朱紅、紅褐、金黃、翠綠、藍紫、藏青、洋紅、墨黑、灰黑和奶黃色。

約瑟對哥哥們說：「你們看我的外衣！」

這些哥哥看到約瑟的外衣，看得都眼紅了。

一天晚上，約瑟做了個奇怪的夢，隔天他等不及要告訴哥哥們。

他說：「快來聽聽我的夢。我夢到我們在草原上工作，把麥子捆成一束一束，但我的麥束比你們的好！我的麥束站在正中央，你們的就圍在旁邊向著它下拜。」

約瑟的哥哥們跟他說：「你自以為比我們好嗎？還想要像國王一樣統治我們，是嗎？」

他的哥哥們互相抱怨：「那個愛做夢的傢伙！他以為他是誰啊？」

看來約瑟並不知道他的哥哥們有多討厭他。後來他又做了一個怪夢，而且他又跑去告訴他們：「你們聽聽這個夢！我昨晚夢到太陽、月亮和星星也向我下拜。十一顆星喔！就跟你們的數目一樣！」

約瑟很喜歡這個夢，所以他也把這個夢的內容告訴父親雅各。

他父親說：「什麼？你認為全部的家人都要像僕人一樣向你下拜嗎？」

他的哥哥們又抱怨：「那個愛做夢的傢伙！」他們比以前更討厭約瑟。

雅各卻困惑地搔著頭，想著：「這樣的夢會是什麼意思呢？」

有一天，約瑟的哥哥們帶著羊群去吃草。雅各對約瑟說：「去看看你的哥哥們是否一切安好，再回來告訴我。」

約瑟穿上他的美麗外衣，出發去找哥哥。

彩色外衣在陽光下閃閃發亮，他的哥哥們大老遠就看到約瑟走過來。

「是那個愛做夢的傢伙！他來了，一定是想要監視我們！」哥哥們氣得跳腳，憤怒又嫉妒。

他們說：「殺了約瑟吧！把他丟進乾掉的井裡，然後跟父親說是野獸殺了他。這樣我們就永遠甩掉他了！」

最大的哥哥流本不贊同這個做法。「我們不需要殺他。把他丟進乾掉的井裡，讓他自己死在那裡就好了。」其實流本暗暗打算，等大家啟程回家時，他再回來救約瑟離開枯井。

「哈囉！」約瑟一邊走過來，一邊向哥哥們揮手打招呼。

他完全不知道他們的計謀。

這些憤怒又嫉妒的哥哥抓住約瑟，扯下他的美麗外衣，把他推入井裡。流本還來不及偷偷跑回來救他，就有一群駱駝商隊經過。於是哥哥們把約瑟拉出井底，賣給商隊當奴隸。

那個愛做夢的傢伙，現在可慘了。

哥哥們在約瑟破爛的外衣上沾動物的血，帶回去給父親看。他們說：「看啊！這是我們找到的！這是不是約瑟的外衣？」

雅各哭喊著：「噢，不！野獸把他給吃了。」雅各為他心愛的兒子悲痛哀哭，沒有人能安慰他。駱駝商隊把約瑟帶到很遠的地方，最後到了埃及。約瑟被賣給一個有權有勢的人——埃及皇宮的侍衛長波提乏。

波提乏喜歡約瑟，也很信賴他，因為約瑟工作勤奮，又待人和善。

神祝福約瑟，所以約瑟不管做什麼事情都做得很好。沒多久，約瑟負責的事情愈來愈多，波提乏也不再把他當奴隸對待。

不過，波提乏的妻子卻看上約瑟，想把約瑟占為己有，但約瑟拒絕了。她非常生氣，去波提乏那裡告狀：「約瑟想要傷害我！」

波提乏相信妻子的話，就把約瑟關進監牢。

可憐的約瑟！但神繼續看顧他。約瑟在監獄裡待了很久，因為表現良好，最後還負責管理監獄中所有囚犯。

有些囚犯會做噩夢，醒來後擔心又害怕，常把夢的內容告訴約瑟，而約瑟就會將夢的意思告訴他們。

那個愛做夢的傢伙！現在，他在監獄中幫其他人講解他們的夢。

埃及王法老也開始做怪夢了。他不明白這些夢的意思，所以要所有的臣子來幫忙，但沒有人能講解法老的夢。

有個人和約瑟一起待過監獄，他告訴法老，他知道有人能夠講解夢。於是法老把約瑟找來。

法老說：「聽說你能講解夢，那告訴我夢的意思吧！」

約瑟回答：「能解夢的不是我，是神。祂會透過我來告訴你這些夢的意思，或許能讓你感覺比較安心。」

法老告訴約瑟他做的夢：「一開始，我站在尼羅河邊，七隻肥大的牛從水裡上來，在沼澤地吃草。接著，七隻乾瘦的牛從水裡上來，吃掉那七隻肥牛。但那七隻乾瘦的牛還是一樣乾瘦，我從沒見過那麼醜的牛。」

「嗯……」那個愛做夢的傢伙喃喃自語著。

「我又做了一個夢，夢見一根麥莖上面長了七支麥穗，上面都是健壯飽滿的麥粒。接著旁邊長出了七支麥穗，上面都是枯黃瘦弱的麥粒，然後枯黃的就把健壯的給吃掉了！告訴我，這兩個夢是什麼意思？」

約瑟回答：「神是在告訴你重要的訊息。接下來七年，土壤會十分肥沃，食物會大豐收，所有人都能吃飽喝足。但再接下來七年，大地會乾涸，穀物會枯萎，人們會挨餓，所以你要做些事情來防範。現在要仔細聽好神的話。你要找個人幫你，做好計畫讓埃及的人們不會挨餓。你有想到誰可以幫你嗎？」

法老抓了抓他的山羊鬍，然後看著約瑟說：「有，我知道有個人可以幫我，那就是你。」法老任命約瑟管理埃及，成了一人之下萬人之上的宰相。整個埃及只有法老比他大。

事情果然就照約瑟所說的發生了。七年來，埃及的人們收集穀物並儲存起來，這些穀物多得像海邊的沙。

後來乾旱來臨，他們儲存的豐沛糧食足夠應付饑荒，住在埃及周圍的人們甚至還前來求助。

正是因為這樣，約瑟才能再次見到他的兄弟。因為他的家鄉——迦南的人們也開始挨餓了。

雅各告訴他的兒子：「去埃及，那裡有食物，這樣我們才不會餓死。」

約瑟的哥哥們走了很遠的路到埃及乞求食物。他們完全不曉得，那個負責分配食物的管理者，就是他們的弟弟約瑟。他們見到約瑟的時候都沒有認出他來，畢竟他們把他丟到井裡賣做奴隸，是很多年以前的事情了。

約瑟認出了他的哥哥們，心臟砰砰跳。不過，他假裝不認識他們，因為他並不知道他們會怎麼反應。

那個愛做夢的傢伙還記得自己很久以前做的那個夢：一捆捆麥束在田中對著他下拜。現在，在他跟前對他下拜的，正是他的這些哥哥。

約瑟知道，這是神在很久以前就計畫好的。

後來，他的哥哥們第二次來到埃及時，就依照約瑟的要求，把他們最小的弟弟便雅憫帶來。便雅憫和約瑟是同一個母親所生，也沒有參與多年前那個謀害約瑟的計畫。

經過這麼多年，約瑟終於見到了他親愛的弟弟。約瑟當下立刻離開房間，在沒人看到的地方哭泣。接著他擦乾眼淚回來，告訴他們：「跟我一起享用大餐吧！」他們就照做。隔天，約瑟的哥哥們吃飽喝足，袋子裡也裝滿食物，準備回家。

約瑟並不太相信他的哥哥們，畢竟他們陷害過他，因此他想出一個方法，要測試他們是不是仍然那麼自私又殘酷。他把一個銀杯藏在便雅憫的袋子中，等他們上路之後，再派人去追。

　　追趕的人攔下他們，說：「有人偷了銀杯！偷銀杯的人要留下來當奴隸，其他人可以回去。現在，打開你們的袋子，我們要檢查。」

　　輪到便雅憫打開袋子時，一打開，銀杯就滾了出來。

　　兄弟們被帶回約瑟面前，再度在約瑟面前下拜。

　　他們說：「我們不能把便雅憫留在埃及。我們的弟弟約瑟已經死了，要是便雅憫再出什麼事，我們親愛的父親會心碎而死。」

　　其中一個哥哥挺身而出，說：「我會代替便雅憫留在這裡。」

　　約瑟看出哥哥們已經變得善良又誠實，忍不住在他們面前嚎啕大哭。

　　他吸吸鼻子哭著說：「看著我！我就是你們的弟弟，那個很久以前被你們賣到埃及的約瑟。你們原本是要害我，但是神對這件事情有美好的計畫。原來我來這裡是為了救你們脫離饑荒。」

　　他是約瑟？這是真的嗎？哥哥們簡直不敢相信自己的眼睛和耳朵。

　　約瑟說：「現在，回家去，把我們的父親帶來這裡，你們的妻子和孩子也都帶來，這樣我們就可以再度團聚了。」哥哥們聽到後抱在一起，彼此親吻，然後又在約瑟面前下拜。

　　他們回到迦南，這次帶著雅各和全家大小一起前往埃及。約瑟能和全家人再度相聚，這樣的美夢竟然可以成真。

　　雅各的家族就在這裡開枝散葉，後代子孫像天上的星星那麼多，就像神在很久很久以前，對亞伯拉罕承諾的那樣。

籃中的嬰孩

　　約瑟全家定居埃及之後，神的子民希伯來人又在那裡住了很多年。希伯來人的數量不斷增加，新的法老覺得很不安。他擔心希伯來人會比他的埃及軍隊還強大，跑來對抗他。

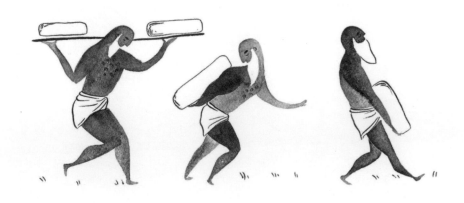

　　法老對自己的埃及隨從說：「我們必須做一些事情來對付希伯來人。」他打算把希伯來人當奴隸，讓他們做最沉重的工作。

　　就算這樣，希伯來人的人數還是不斷增加，而且愈來愈強大。於是法老對希伯來的產婆下了一道命令。

　　「希伯來婦女生產時，如果生下兒子，一出生就要殺掉！」

　　但沒有產婆願意做這麼恐怖的事情，法老十分生氣，就對所有埃及人說：「如果希伯來人生下男孩，立刻把他們丟到尼羅河裡！」

　　有個希伯來婦女約基別，生下一個健壯漂亮的男嬰。

　　她捨不得孩子被扔進河裡，只能想辦法藏著他。最後藏不住了，就拿附近沼澤中的蘆葦編了一個籃子，抹上防水的樹脂，再把兒子放進籃子裡。她把男嬰和籃子放在尼羅河邊，希望孩子能平安，不被別人發現。

嬰孩的姊姊米利暗很愛她的小弟弟，於是躲在附近，看會發生什麼事。

一陣沙沙聲驚動了她。有人走近了！米利暗把身子壓得更低，整個人都埋進蘆葦叢中。

她簡直不敢相信，來河邊洗澡的不是別人，正是法老的成年女兒，也就是埃及公主。

公主對伺候她洗澡的女僕說：「你看到了嗎？那裡有個籃子。拿過來給我。」米利暗深吸一口氣，靜靜看著事情會怎麼發展。

公主打開籃子，裡面傳出洪亮的哭聲。

她大叫：「是個嬰孩！一個漂亮的小男嬰！」

公主一看到小男嬰，心就融化了。她說：「這一定是希伯來人的。」她並沒有按照父王的命令把他丟進水裡，反而決定：「我要把他當做兒子養大。」

勇敢的米利暗抓住機會，從蘆葦叢中站出來，說：「公主，要不要我找個希伯來女人幫您把孩子養大？」

公主說：「好啊！」

於是米利暗就去找她母親，也就是男嬰的母親，帶她到公主面前。

公主說：「孩子給你，幫我把他養大。等他大了點再送回來。」

所以男嬰就回到他原本的家庭生活了好幾年，之後再進到皇宮裡與公主住在一起。公主對他很好，把他當做自己的孩子愛著他。

她說：「我要叫他摩西，意思是『從水裡拉上來』。」

雖然摩西在皇宮裡長大，也受到不錯的照顧，但是他的希伯來家庭並沒有忘記他，他也從來沒有忘記她們。

摩西長大之後，親眼見到希伯來人受到虐待。有一天，摩西看見一個埃及人殘暴地鞭打一個希伯來人，他一氣之下就殺了這個埃及人。他想盡辦法隱瞞自己做的事，但最後法老還是知道了。

法老氣得大喊：「把摩西給殺了！」

摩西趕緊逃跑，跑到很遠的地方——米甸。他在那裡娶了妻子西波拉，並且生下一個兒子。摩西就住在那裡幫岳父葉特羅照顧大匹羊群。

好幾年過去了。埃及換了新的法老，但是他和之前的法老一樣殘暴。希伯來人在那裡過得並不好，又是嘆氣又是哀號。他們向神哭喊：「求求祢，求求祢幫助我們！」

摩西住在皇宮時，沒有忘記他的希伯來同胞，天上的神也沒有忘記祂的子民。祂聽到他們的求救，想起自己曾向亞伯拉罕、以撒和雅各承諾要看管並照顧他們的後代。希伯來人受到埃及人這樣對待，神怒火中燒。

有一天，摩西到野外放羊，來到神的山腳下。

一件奇特的事情吸引了他：一叢矮樹竟燒了起來！摩西前去查看，看得愈仔細就愈覺得奇怪。確實有火在燃燒，但是樹叢卻沒有燒起來。

接著，摩西聽到樹叢裡發出聲音。

那個聲音呼叫著：「摩西！摩西！」

他回答：「我在這裡。」但他不曉得是誰在呼喚他。

那個聲音說：「脫掉你的鞋子，因為這裡是聖地。」

摩西脫掉鞋子。

那個聲音又說：「我是亞伯拉罕的神、以撒的神、雅各的神。」

樹叢中沒有人，這是神的聲音！摩西害怕得發抖。

「我聽到我的子民從埃及發出哀求，所以我要來幫助他們。我要你把他們帶出埃及，回到我應許給他們祖先的那塊地。」

摩西說：「誰？我？」接著又說：「為什麼是我？要是他們不相信我呢？要是他們問我祢的名字，我要怎麼回答？」

神說：「我是自有、永有的神。告訴他們，那自有的神派你來帶他們回家。」

摩西從來沒聽過這個神，也不認為自己有辦法達到祂的要求，「祢能不能派其他人去？他們比較知道要怎麼做。」

「你的哥哥亞倫很快就會來見你，我會告訴你要說的話，你就把話告訴亞倫，他再告訴所有人。我們會一起完成這件事！」神的聲音轟隆作響，聽起來很生氣，因為摩西不相信祂。

摩西沒得討價還價。

神打算帶祂的子民回家，而帶隊的人，就是當年躺在籃子裡的嬰孩，那個在燃燒的樹叢中聽見神說話的人。

降臨埃及的十大災難

摩西與在燃燒樹叢中的神說話之後，就和妻子、兒子，以及哥哥亞倫一起回到埃及。他們聚集了所有希伯來人領袖。亞倫告訴他們：「神已經聽見你們的哀求，祂要摩西帶你們回家，遠離埃及這塊地。」

人們回答：「太好了！真是感謝神！」

摩西和亞倫一起去見法老。「以色列的神，我們的主有訊息要給你：『讓我的子民離開。』」

法老回答：「別說笑了。你說的這個神我不認識，憑什麼要我放他們走？他們的工作要誰來做？我的回答是：不准！我不會讓這些人離開。」

法老的心固執得不得了，他甚至加重希伯來人的工作。結果人們就怪罪到摩西身上。

「我們為什麼要聽你的？我們的日子比以前更難過了！」

摩西問神：「我現在該怎麼辦？」

神說：「我會讓法老知道，我就是主，是希伯來人的神。」

於是祂降下十個災難，就是要法老讓希伯來人離開埃及。

第一個災難，是讓尼羅河的水變成血。河中的魚都死去，埃及人也沒有水可以喝。但是法老沒有改變心意。

神又派出青蛙。青蛙、青蛙，到處都是青蛙。青蛙跳進床鋪，人們無法睡覺；青蛙跳進烤爐，人們無法烤麵包。不管到哪裡，到處都有青蛙。

法老吼道：「我恨青蛙！摩西，你們可以走了，把你的人，還有青蛙，統統都帶走！」

但是青蛙一消失，法老就反悔了。他不讓希伯來人離開。

神告訴亞倫：「用你的手杖擊打地面。」亞倫照做，結果地面的塵土都變成了蚊蚋。

成千上萬噁心的蚊蚋擠滿地面，大家都快抓狂了。蚊蚋比青蛙更糟糕！

但法老還是說：「你們別想離開！」

　　結果蚊蚋走了，換成蒼蠅。蒼蠅嗡嗡飛進人們的耳朵、眼睛和鼻子，把所有人搞得慘兮兮。所有埃及人的動物都病死了。

　　法老還是說：「不行！你們別想離開！回去工作！」

　　接下來，人們的皮膚開始長出水泡。但法老的心卻更加剛硬，還是不讓他們離開。

　　天空下起狂暴的冰雹，重重擊到地面。成群蝗蟲吃掉樹上的果實和葉子。接著是無邊無際的黑暗像厚重的毯子覆蓋大地，沒有人看得到任何東西。但是法老有因此改變心意嗎？沒有！

　　於是神說：「我要在埃及降下最後一個災難，這個災難太可怕，法老一定會讓你們走。半夜，埃及境內所有的長子都會死，從法老到卑賤奴隸的長子，都無法逃過。」

　　事情就照神所說的發生了。

　　最後，法老終於對摩西大吼：「你們給我滾！」他抱著死去的長子悲痛萬分。「給我滾，永遠不要回來！」

　　神對著他的人民說：「回家的時候到了。」

　　白天，祂以一大朵雲來領路，夜晚，則有明亮的火焰來帶路。

不過，摩西和希伯來人啟程沒多久，法老又再次反悔。他說：「去攔下他們！」埃及軍隊出動馬車，去追趕摩西一群人。

希伯來人看到埃及大軍追來，忍不住對神大喊：「救救我們！」他們在海邊紮營，面對來勢洶洶的埃及人，他們無路可逃。

摩西舉起手說：「不要怕。」這時神吹出一陣大風，把海水吹出一條通道。

摩西下令：「快走！」

希伯來人趕緊上路，快速通過兩堵水牆之間的通道。駕著馬車飛奔而來的埃及人也愈來愈近。當希伯來人安全抵達另一岸，摩西再次舉起手，水牆瞬間垮下。埃及人被水淹沒，一路沖進大海裡。

希伯來人又驚又喜，跪下來敬拜神。摩西的姊姊，也就是多年前看著埃及公主從尼羅河中救起嬰孩摩西的米利暗，歡喜快樂地唱歌跳舞，讚美神對他們的慈愛。

但是，希伯來人即將面對的旅程並不輕鬆。

日復一日，年復一年，他們走得十分辛苦、萬般沉重。

他們沒有家，意志消沉，而且不顧神的意願，不斷依照自己的想法做事。他們甚至抱怨：「我們不喜歡這樣！」「我們想回埃及！」

神一次又一次提醒他們，祂才是神，他們只是人。人們飢餓時，神從天上降下食物餵飽他們。神透過亞倫和摩西對人們說：「你們是我的孩子。我愛你們，也會永遠照顧你們。」

但他們還是一次又一次離開神，所以，神把摩西叫到一座高山上。閃電雷聲四起，摩西顫抖，整座山也震動。神說：「我要你頒布誡命給我的人民。」其中最重要的誡命包含：「全心全意愛我；紀念安息日──也就是我創造整個世界之後的那一天；屬於別人的東西，不能偷拐搶騙，更不能為此殺人。」

神給了他們這些命令，好讓他們可以和平相處，並且追隨祂。

最後，他們花了四十年，才終於到達迦南這塊應許之地。摩西完成了神交給他的任務，把人們帶到迦南地前方，自己則在踏進迦南前過世了。

小孩大衛和巨人歌利亞

　　希伯來人，也就是以色列人，回到了神很久以前答應他們的地方。他們選出了一位國王，名叫掃羅。神不喜歡掃羅，祂希望能找個和祂一樣心中充滿愛的人，來當他們的國王。神派撒母耳到伯利恆這個小鎮，去選出新王。神對他說：「有個人名叫耶西，去找他，我已經選好他其中一個兒子來當王。」

　　撒母耳穿越山丘和谷地，來到伯利恆，找到耶西的家。他對耶西說：「帶著你的兒子們，跟我來。我們要一起吃喝，然後敬拜神。」

　　撒母耳看到耶西的長子時，就想：「他長得又高、又壯、又帥！他一定就是神選的王。」

　　但是神對他說：「不要看人的外表，我看的是人的內心。我選的人，是像我一樣具有愛人的心腸。」

　　耶西第二個兒子站了出來，撒母耳說：「不是他。」

　　第三個兒子站出來，撒母耳說：「下一位。」

七個兒子都站了出來，撒母耳也說了七次「不是他」或「下一位」。

最後，撒母耳問耶西：「你還有其他兒子嗎？」

耶西猶豫了一下，回答說：「還有個最小的，叫做大衛。他正在牧羊。」

撒母耳說：「那你還等什麼？快帶他過來！」

當撒母耳一看到大衛，就立刻宣布：「就是他！」

大衛有雙美麗的眼睛，和他哥哥一樣帥氣的外表，但最重要的是，他像神一樣有顆充滿愛的心，神也愛他。

事實上，「大衛」這個名字的意思就是「受喜愛的」。

大衛並不是馬上成為國王。現任國王還是掃羅，但是他過得很不平靜。

當時，以色列人正在和非利士人的軍隊打仗，而且被打得七零八落。掃羅王的軍隊中沒有人能對付他們。

非利士人最強大的戰士歌利亞，高壯的像一棵大樹，沒人比得過他。他身高不是一百六、不是一百八，甚至不是兩百，而是三百公分高！

歌利亞叫陣：「派你們最強壯的人來跟我對戰！如果他贏了，我們就任你們擺

布；但如果我贏了，你們就要任我們擺布！」

以色列人嚇得要命。

「出來對戰！」歌利亞這樣叫陣叫了四十天。沒有人想和歌利亞打，連耶西的兒子們也都不想。「不要，我們才不去！」

大衛年紀太小，無法跟著軍隊出征，他的工作是幫父親牧羊。不過耶西很擔心其他兒子，所以對大衛說：「你的哥哥們正在和非利士人打仗，把這些食物和衣服帶給他們，並回來告訴我他們是否安好。」

大衛一抵達軍營，就聽到如雷般的吼叫聲，是歌利亞！山谷都在他的聲音中震動，所有人都嚇得四散逃跑。

但大衛沒有逃跑。

他說：「我要跟他對戰！」

他的哥哥們說：「憑你？」

國王也說：「憑你？」

大衛說：「就憑我。我知道如何看顧羊群，當獅子或熊想吃掉我的羊，我會阻止牠們。神救我躲過獅子和熊的爪，也會保護我戰勝歌利亞！」

掃羅王把他最好的盔甲給了大衛，但是他不習慣穿戴這麼重的東西，就脫了下來還給國王。他說：「我無法穿盔甲打仗。」

接著，大衛拿起他的牧羊杖，到寧靜的溪水邊，跪在草地上，從溪水中撿起一顆顆石子，五顆又圓又光滑的石子。

他把石頭放入皮製的小袋子中，掛在肩上，手上則拿著他慣用的彈弓。

大衛說：「我準備好了。」

人們悲嘆說：「他死定了！這表示我們也死定了。」

這個牧羊的孩子、未來的國王，他的心像神一樣，不怕高大的歌利亞。大衛大步向前，走向歌利亞。

歌利亞也不怕大衛，而且非常生氣，因為他看到這個年輕男孩居然沒有穿戴盔甲，也沒有帶任何武器，竟敢就這樣到他面前來。

歌利亞吼著：「你以為你是誰？你當我是條狗嗎？想用一根牧羊杖就把我趕走嗎？」歌利亞開始詛咒以色列的神，這讓大衛非常氣憤。

然而，大衛並沒有嚇得發抖，更沒有逃跑。

他對著歌利亞喊道：「我是奉著神的名前來！」這讓歌利亞更加生氣。

歌利亞一步步往這個年輕牧羊人走去，每一步都驚天動地。大衛從袋子裡拿出一顆石子，放到彈弓上，舉高手甩動著。

咻！石子高速飛出。

啪！石子擊中歌利亞的額頭。

砰！歌利亞倒在地上，死了。

其他非利士人看到他們強大的巨人倒地，嚇得拔腿就跑。

這個年輕的牧羊人，這個擁有神那樣慈愛心腸的男孩，救了自己的同胞。

後來大衛成了偉大的國王，在他的統治之下，以色列也成為強大的國家。

人們愛他，神也愛他。而這也正是「大衛」的意思：受喜愛的。

約拿和吞掉他的大魚

這個故事，是關於一座名叫「尼尼微」的城。尼尼微是一座偉大的城，但裡面的人並不好。不但不好，還很壞，而且他們沒有把神放在心中。

神對一個叫做約拿的人說：「我希望你去尼尼微，告訴城裡的人說，他們讓我非常生氣。如果他們不改變，就會遭到毀滅。」

約拿有沒有照著神的話去做？

沒有！他跳上附近的一艘船，但不是去尼尼微。約拿不喜歡尼尼微人，他認為他們活該遭到毀滅。所以他故意跑得更遠，往反方向去。他有辦法躲著神嗎？想當年亞當和夏娃也做過一樣的事，結果並不怎麼好。

沒有人能躲著神。

可是約拿還是想試試。「我要搭這艘船去塔士，沒有人會知道的。」

但神知道。神吹起一陣強大的風，颳過海面，波浪猛烈拍打，還差點擊碎船隻。

船上的水手開始哭喊，並向他們的神禱告：「救救我們吧！」他們把箱子、瓶罐，還有手邊可以拿到的東西，統統扔進海裡。

他們的神沒有回應。浪還是繼續猛烈拍打，又差點擊碎船隻。

船上的人開始害怕，擔心自己會葬身海底。

約拿呢？他一直在睡！船長發現他的時候，他正在船艙底部的床鋪睡到打鼾呢！

船長大吼一聲：「起來！去向你的神禱告，

救救我們。看祂會不會聽你的呼救，我們的神根本不理我們。」

約拿揉揉眼睛醒來，說：「呃，好吧！這其實是我的錯。我信奉的是那個創造天地和海洋的神。我從祂面前逃跑了，想躲避祂。」約拿又嘆了口氣，說道：「想要讓暴風停止，方法只有一個。把我丟到海裡。」

船上的水手不想對約拿這麼做。他們努力把船航向陸地，也試著向約拿的神禱告。但是狂暴的風浪還是一樣狂暴，繼續吹打船隻，最後，他們別無選擇，只好採取約拿的方式。

他們把約拿丟進海裡。

那個猛烈拍打，還差點擊碎船隻的風浪，瞬間就停了下來。

水手紛紛說：「哇！現在開始，我們要改信約拿的神！」

那約拿被丟進海裡之後呢？

他一直下沉、下沉、下沉，沉入深深的海底。

就在他快要憋不住氣時，一隻很大很大的魚游了過來，大嘴一張！這隻魚一口就把約拿吞下肚了，可見牠有多麼大。

約拿心想：「好險！」但隨後聞到一股又腥又臭的氣味。嗯，魚肚子裡可不怎麼好聞。

約拿在大魚肚子裡遊蕩了三天三夜。魚肚裡黯淡無光，什麼都看不到。這下他有時間好好想想，他到底做了什麼事。

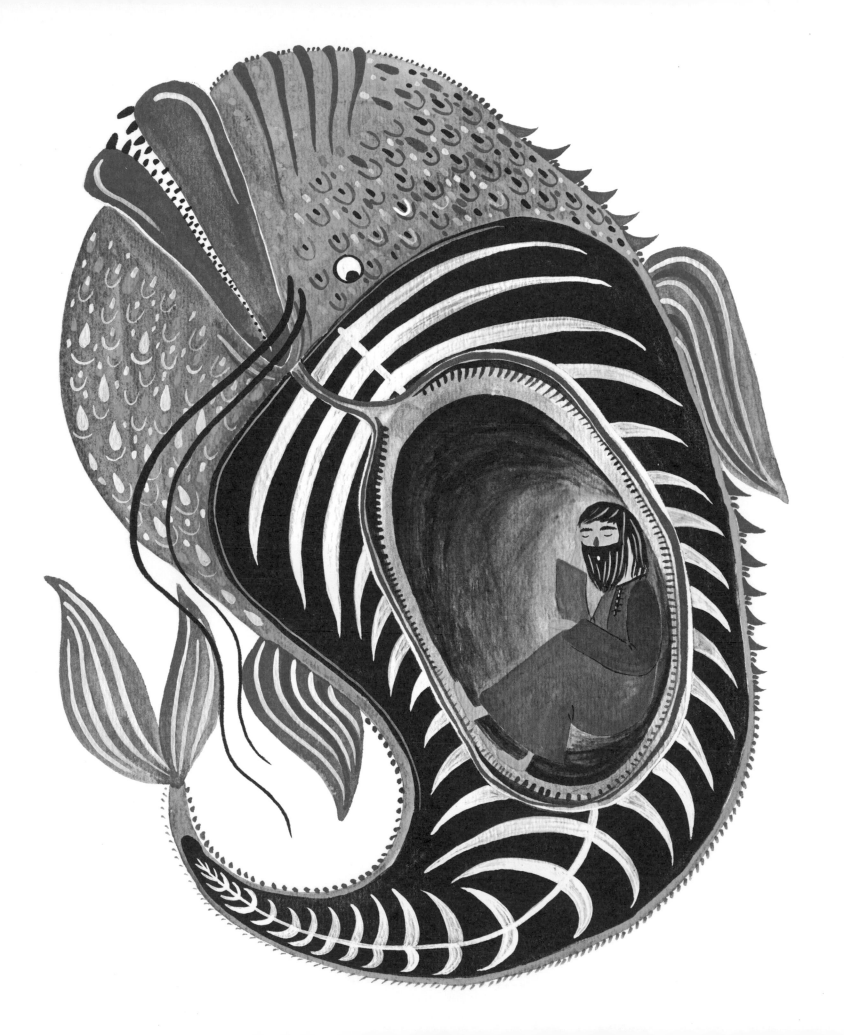

他說：「神啊，求求祢，讓我離開這裡吧！我不會再逃跑了。」

神要大魚吐出約拿，魚把約拿往上推，推，推，推到陸地上。

神說：「你準備好要去尼尼微，把我的訊息告訴他們了嗎？」

約拿終於離開又腥又臭的魚肚，大大鬆了一口氣，說：「是的！我保證，以後祢說什麼，我就做什麼。」

這次約拿是真心的，他已經學到教訓。

約拿走在尼尼微城的街道，大聲對人們說：「你們要改變你們的行為，回頭歸向神。否則，你們都會遭到毀滅！」約拿花了三天才走完尼尼微城，跟他待在魚肚裡的時間一樣。

約拿傳講的訊息在城內散播開來，尼尼微城的王也聽聞約拿和大魚的事情。

尼尼微王宣告：「尼尼微城的所有人，都要停止做壞事並歸向神。或許神會拯救我們。」

神一定會救他們的。

神決定拯救尼尼微人，約拿應該高興才對。但他高興嗎？不！

他還生氣了。

他抱怨：「哼！他們根本不應該獲得拯救。」

約拿告訴神：「我早就知道會這樣！我就知道祢會原諒他們。所以我才不想去尼尼微。祢就去救他們吧！讓我死了算了。」

神問：「你有什麼毛病？你要為他們感到高興才對。」

約拿氣得跺腳，大步踏離尼尼微。他在山丘上搭起一座小棚，一屁股坐下，等著看神接下來會對這座城做什麼事。

神讓一株藤蔓生長起來，覆蓋棚頂，為約拿遮蔭，擋去又乾又熱的陽光。

約拿非常感激。

但接著神派一隻蟲把藤蔓咬死了，約拿沒了遮蔭。烈日直接曝晒在約拿頭上，他熱得昏倒。等他醒來，他大叫：「讓我死了吧！」

神問他：「你因為失去一株藤蔓而生氣嗎？」

約拿大喊：「對！我為這株藤蔓生氣，氣得想去死。」

神對他說：「這株藤蔓不是你造的、不是你種的，也不是你澆灌長大的，你卻氣

得想死。那你認為我對尼尼微人會有什麼感受呢？這座城裡面的人，難道不比一株藤蔓還珍貴嗎？但是你卻不想救他們，甚至對於他們的滅亡一點都不感到難過。」

約拿聽了說不出話來。

聖經・新約

耶穌誕生

在拿撒勒這個小村莊，有個女孩名叫瑪利亞。她有顆純潔勇敢的心，神也特別關愛她。

瑪利亞住在家裡，她已經與心地善良又仁慈的木匠約瑟訂了婚。有一天，一束彩色的光突然射入瑪利亞的房間，接著出現一位天使！

「你好！」天使加百列說。

「主與你同在！在全世界的女人之中，你是最蒙受祝福的。」

加百列突然出現，把瑪利亞嚇了一跳，天使說的話讓她一頭霧水。她心想：「這是什麼意思呢？」

天使溫和地說：「瑪利亞，你別害怕，你在神心中非常特別，所以神選中你來生出祂的兒子。你要叫他『耶穌』，意思是『神拯救我們』。他會掌管整個世界，他的王國會持續到永遠！」

瑪利亞被搞糊塗了，她告訴加百列：「我不知道要怎麼生出嬰兒。我和約瑟訂婚了，但是還沒結婚啊！」

加百列說：「這個孩子的父親不是約瑟，是神。聖靈會像雲彩一樣圍繞著你，

胎兒就會在你身體內長大，就和其他懷孕的母親一樣。其實，你的親戚伊莉莎白，雖然年紀已經很大，但現在也懷孕了。神沒有做不到的事。」

瑪利亞相信天使的話，感到十分欣喜。她說：「我是神的僕人，祂吩咐的，我都會去做。」瑪利亞一說完，加百列就消失了。

瑪利亞心想：「我一定要去見見伊莉莎白，她會了解的。」

瑪利亞急急忙忙上路，走了好大一段路程，來到伊莉莎白和她丈夫撒迦利亞的家。伊莉莎白開門，看見是瑪利亞站在門口，十分驚喜。

瑪利亞喊了一聲：「伊莉莎白！」然後張開雙手抱住她。伊莉莎白肚子裡的孩子聽到瑪利亞的聲音，也高興得跳動。

「噢！我的孩子知道你是誰，你是神之子的母親。你是受祝福的，因為你相信神的應許。」伊莉莎白說。

瑪利亞在伊莉莎白家住了三個月，幫忙照顧她。瑪利亞回家之後沒多久，伊莉莎白就生下了兒子，他就是後來知名的施洗約翰。

當約瑟知道瑪利亞在他們結婚之前就會生下孩子，他感到震驚又傷心。

現在，他該怎麼辦？

所以神派天使到他夢中說：「約瑟，不要害怕。就照你的計畫，勇敢結婚吧！瑪利亞懷的孩子，是神的兒子。一切都沒事的。」

到了早上，約瑟醒來。他不再感到害怕，因為他信賴依靠神。

事情就像天使加百列所說的那樣發生了。時間過得很快，瑪利亞

的孩子就要誕生了。

　　當時，羅馬皇帝奧古斯都征服了許多國家，其中包含以色列。他決定要計算有多少人住在他的領土上，所以要每個人都回到他們祖先的故鄉。

　　約瑟和瑪利亞經過長途旅程，抵達了伯利恆，那是約瑟曾曾曾祖父大衛王所居住的地方。大衛就是那個打敗強大巨人歌利亞的人，他救了人民，成為受到大家愛戴的王。

　　但是，同時前往伯利恆的，不只有約瑟和瑪利亞。他們抵達時，發現城中所有屋子都住滿了人。

　　這時瑪利亞哀叫著：「約瑟！孩子要出來了！就是現在！」

　　可憐的約瑟拚了命也要找到住處，他挨家挨戶地敲門說：「拜託，我的妻子就要生了，我們需要一個地方落腳。」

　　每個人都告訴他：「抱歉，我們沒有房間了。」鎮上每間旅舍都住滿了。

　　約瑟知道，他必須為瑪利亞和孩子找到安全的地方。但要到哪裡找？

　　這時，約瑟聽到一些聲響，從黑暗深處傳了出來。

嘶嘶！哞！咩！

約瑟一聽就知道，這是馬匹和牛羊的聲音，表示附近有馬廄。他想：「啊哈！我知道我們可以待在哪裡了，就跟動物住一起！」

時間緊迫，約瑟趕緊帶瑪利亞到馬廄，再以乾草為她鋪床。

星光從窗戶照進來，牛隻眨著棕色大眼，吐出的溫柔氣息溫暖了冰冷的空氣。母雞咯咯叫著，把小雞藏到毛絨絨的肚腹下。毛茸茸的羊隻歪著頭，忍不住朝著訪客打量。駱駝嘎吱嘎吱大口嚼著晚餐的乾草。

瑪利亞就在動物的圍繞下，生下了嬰孩耶穌。

疲憊的瑪利亞第一眼看到兒子的臉龐，大大吐一口氣，說：「噢，約瑟，他好美！」

約瑟擦了擦眼角，笑著說：「沒錯，真是全世界最美麗的嬰孩。」

瑪利亞用布條包著耶穌，放在餵食動物的馬槽中。

這裡就是耶穌的搖籃。

神歡喜的笑聲在天際盪漾，穿越雲層。星星劃過天空，像是燦爛的煙火，所有的天使也在天上快樂地跳舞繞圈。

在不遠的草原上，一群牧羊人盯著羊群，一隻一隻數著，確保牠們整夜安全。牧羊人互相詢問：「這是什麼聲音？這像是有一群鳥兒在樹上，樹葉沙沙作響的聲音。但是深夜不可能有鳥兒的。」

這沙沙的聲音愈來愈大，然後——咻！一個天使張著大翅膀降落在驚嚇的牧羊人面前，天使身上發出神榮耀的光芒。

牧羊人互相詢問：「這……這是什麼？」

他們害怕得趴在地上，用雙手遮著臉。

天使說：「不要害怕，我是來報告好消息的。是天大的好消息，全世界最棒的消息！」

牧羊人邊從指間偷看，邊聽著天使說話。

「神的兒子，世界的拯救者誕生了！就在今天！就是現在！在伯利恆，離這裡不遠的地方。去看看吧！嬰孩在馬槽裡，你們去了就會知道。」

天使大聲歡呼、讚美著，歡喜的詩歌震動了天：「榮耀歸於天上至高神，平安歸於地上神所喜悅的人。」

唱完，天使就旋轉著消失在空中。

牧羊人對彼此說：「我們在等什麼？快出發去伯利恆吧！我們一定要去看看天使說的這件大事。」

他們跌跌撞撞踏進簡陋的馬廄，找到了嬰孩耶穌，就跟天使說的一樣。耶穌周圍散發出柔和的光芒。

人們聽說有嬰孩誕生，紛紛聚集到馬廄周圍。牧羊人對他們說：「你們不會相信發生了什麼事！天使告訴我們，這嬰孩是神的兒子！」

人們聽到這消息都感到驚奇，他們七嘴八舌說：「這會是真的嗎？」

瑪利亞把他們的話藏到內心深處，在往後的日子裡不斷拿出來琢磨。

之後牧羊人回到他們的羊群身邊，在星光下跳舞唱歌，讚美那位告訴他們這個好消息的神。

在遙遠的另一頭，以色列東邊的另一塊土地上，有一群研究星象的智者，發現一顆從來沒見過的星星，這顆星明亮無比。

他們說：「這表示有個新的國王誕生了，我們一定要去看看。」

智者們走了很遠的路，翻過山嶺，越過溪谷，跟著星星一路走到以色列的首都耶路撒冷。他們問：「新的國王在哪裡呢？我們看到他的星從東方升起，所以來到這裡朝拜他。但有誰可以告訴我們他在哪裡？」

希律王聽到這個消息很不高興，他不希望除了他之外還有別的王。他問了耶路撒冷中所有受過教育的宗教領袖，想知道這個嬰孩是什麼時候生在哪個地方。他打算殺了他。

這些宗教領袖告訴希律：「很久以前，我們的先知，也就是那些傳達神的話語的人，說神所挑選的王會出生在伯利恆。」希律聽了既生氣又害怕，就派了從東方來的智者去尋找這個嬰孩。

「去找出這個王。找到之後，回來告訴我，這樣我才能前去朝拜他。」希律下令。

智者從耶路撒冷出發，跟著天上那顆明亮的星來到伯利恆，找到了瑪利亞、約瑟和嬰孩耶穌。

這些智者找到了神在很久以前就承諾的王，非常高興。他們進到耶穌出生的馬廄，在他面前跪了下來。

「我們從很遠很遠的地方來，就為了見這位王。這是我們帶來的禮物。」

他們打開寶物袋，裡面裝了特別的禮物：閃閃發亮的黃金、氣味香甜且貴重的乳香，以及珍貴的香料沒藥。這些都是獻給王的禮物。

當晚，這些智者在啟程回家之前，做了一個夢。夢中天使警告他們，不要回到邪惡的希律王那裡，因為他要殺掉耶穌。因此他們沒有回到耶路撒冷，走了另一條路回家。

智者離開之後，約瑟也做了夢，夢裡天使警告他希律的邪惡計畫。於是約瑟帶著瑪利亞和耶穌，一路走到埃及，遠遠躲著希律。之後他們就一直待在埃及，等到希律死了，才平安回到自己的家鄉。

在山上布道（登山寶訓）

約瑟、瑪利亞和耶穌在逃往埃及之後，終於又回到家鄉拿撒勒。耶穌就和其他孩子一樣，在自己的家裡長大。但是瑪利亞與約瑟從來沒忘記他是多麼特別。

耶穌長大成人之後，就要離開家裡，去教導人們什麼是神的愛。

他的表兄施洗約翰，在約旦河中為他施洗。

接著，耶穌選了十二個人跟著他，當他的門徒。他走到哪裡，門徒就跟到哪裡。當他在教導其他人，門徒就在一旁聆聽學習。

耶穌在人們家中、船上，以及會堂裡教導。有時候來聽的人太多，擠不進去屋子裡，耶穌就會在海邊或是野地宣講。他還醫治了很多病人，聆聽那些傷心的、寂寞的人說話。愈來愈多人知道耶穌，因此他到哪裡，人們就跟到哪裡。

「看看那群人！他們全都想來找你，聽你講述關於神的愛。」門徒告訴耶穌。

耶穌對大家說：「跟我來。」大家就跟著他走上山坡，聚在他身旁。天空是紫藍色的，涼爽的微風輕輕吹過他們的臉龐，所有人都望著耶穌。空氣中充滿百合和玫瑰的香氣，鳥兒穿戴色彩鮮豔的羽衣，在枝頭興奮地吱吱喳喳。

耶穌環視了人們。有些人無法走路，還得由朋友抬上山坡。還有些人眼中含著淚水，因為他們所愛的人去世了。

很多是窮人，全身上下幾乎沒有什麼東西是自己的。他們都想來聆聽耶穌的話語、感受他的觸摸，他們想要獲得醫治。

耶穌對大家說：「來聽這個好消息。我把你們聚集在這裡，是要告訴你們，如何讓生命充滿神的祝福。」

耶穌問大家：「你們覺得自己毫無價值嗎？並非如此。神會祝福你們，賜給你們天國！」

「你們覺得哀傷嗎？神會祝福你們，親自安慰你們！」

「你們認為自己很卑微嗎？神會祝福你們，讓你們繼承全部的土地！」

「如果你們渴望認識神，神會祝福你們，祂會以愛來滿足你們！」

「你們以溫柔、慈愛對待人，神會祝福你們，因為別人也會以溫柔和慈愛對待你們！」

「如果你們的心溫和誠實，神會祝福你們，讓你們看見神！」

「你們與他人和平相處，並盡力為世界帶來平安，神會祝福你們，稱你們為神的孩子！」

「如果有人因你們相信神而嘲笑你們，或是因此無情的對待你們，不要擔心。愛神比別人怎麼看待你們更重要。神會迎接你們進入祂的國度。神祝福你們！」

這些人聽到耶穌所說的話，也相信耶穌所說的話。

有個人無法走路，聽了耶穌講的話，轉頭看了看身旁那些帶他來的朋友，覺得自己其實很幸福。耶穌伸出手來，握住一個因為丈夫過世而哭泣的女人，這個女人內心立刻充滿喜樂。她伸手到布袋中，拿出麵包給身旁一個餓肚子的孩子。這個孩子又把麵包分給他的兄弟，於是兄弟停止了爭吵。

人們看看身旁這些從各地來的陌生人，開始彼此微笑。

他們互相說：「神會祝福你。」

耶穌說：「想一想，如果你們是鹽，會有什麼功用？」

一個人大聲回答：「讓食物變得更好吃！」

另一個人回答：「可以保存食物！」（在沒有冰箱的年代，鹽可以用來保持食物新鮮。）

耶穌說：「你們就像是鹽。你們對神的信心，能讓生命更美好，因為你們能把喜樂、慈愛和平安帶給這個世界。你們的信心保存了神想帶給所有人的好東西。所以，繼續認識神，並且把信心分享給其他人。這就是做世上的鹽。」

耶穌接著問：「那麼，光呢？光有什麼功用？」

人們大聲喊著：「讓我們在黑暗中找到方向！」

耶穌說：「沒錯！你們會把燈藏在籃子下嗎？不會！這樣做沒有什麼好處。你們會把燈放在桌子上，這樣光才能照到屋子裡的每個人。」

耶穌繼續說道：「你們就是光。光能幫助人在黑暗中找到方向，你們也能幫助他人找到神。對人要慈愛，以神的名做好事，這是向人們展現，神是什麼樣子。」

人們回答：「這個我們可以做到！」

一個女孩提問：「這表示我永遠不能對人生氣嗎？」

耶穌回答：「生氣是難免的，但是不要一直氣下去。若有人傷了你的心，或是你做了對不起別人的事，要去和對方和好，而且不要放棄任何可以和好的機會。要不斷努力，直到你們可以原諒對方。就算是對敵人也一樣。」

一個少年說：「別人對我好，我也對他好，這比較容易做得到。」

耶穌說：「這誰都做得到！但神希望你愛所有人，就算是你不喜歡的人，也要愛他。」

又有一個人問：「那對我的敵人呢？」

耶穌回答：「就算是敵人也要愛他。你們的行為要和其他人有所不同。不要像其他人一樣去鬥爭、辱罵和記恨。不要像以前的人那樣，以牙還牙、以眼還眼。神期望你們做得更好。如果有人打你一邊臉頰，你要轉過去讓他打另一邊。」

耶穌繼續說：「你也可以這麼想——你想要別人怎麼對待你，你就怎麼對待別人。在你說話和做事之前，先想想要說什麼、做什麼，並且要設身處地為他人想一想。」

「可以教我們怎麼禱告嗎？」

耶穌說：「禱告不需要華麗的言詞。禱告就像是兩個相愛的人在說話。神會聽你講，也希望你把心裡所想的事情與祂分享。祂早就知道你需要什麼了。你可以這樣禱告：

天上的神，祢的名是神聖的。

祢的光如何照耀天上，就如何照耀這個世界。

賜給我們生活所需要的。

原諒我們所做的錯事，並幫助我們去原諒那些傷害我們的人。

保護我們出入平安。當我們遇到誘惑，引誘我們去做不該做的事情時，請給我們力量戰勝誘惑。」

就在耶穌結束第一次的禱告時，一群鳥從天上飛過。

耶穌說：「我們經常煩惱生活中許多瑣事，但是看看這些鳥兒，牠們多開心！牠們什麼都不煩惱，神每天賜給牠們種子、小蟲。如果神養活了飛鳥，難道不會看顧你嗎？」

耶穌又指著微風中搖曳的白色百合花說：「再看看路邊這些花朵，很美麗吧！你們想想，這些百合花會煩惱自己每天要穿什麼、戴什麼嗎？」

小孩都咯咯笑了起來，就連大人也忍不住笑了。

耶穌說：「當然不會囉！神為百合花穿上美麗的衣裳，這是國王華麗的外袍和

皇冠上的珠寶都比不上的！」

　　耶穌就這樣繼續講了一整天，但沒有人覺得不耐煩，因為他所說的都充滿了智慧和真理。

四個有情有義的朋友

「快點，快點，他回來了！一起去看看！」

大街小巷擠滿了人，大家都跑出家門，一窩蜂湧入耶穌住的地方。耶穌其實很少在家，大多是在外面奔波。但是他今天回來了！人們聽到消息，紛紛從店裡、家裡、野外，甚至鄰近村莊前來看耶穌，聆聽他說話，接受他醫治。

不過，有個人沒辦法前來，他連站都站不起來，因為他的腿癱瘓了。他只能側躺在厚毯子上，看著人們從他面前飛奔過去。

他心裡想著：「唉！真想知道能走路是什麼感覺。那大概是全世界最美好的事情了吧！」

他閉上眼睛，想像自己在街上奔跑，穿過整座小鎮，直直跑到山頂。那會是什麼感覺啊！

突然間，呼的一聲，他覺得自己從地面升起。發生了什麼事？他抬頭一看，原來是他四個好朋友一人抓住毯子一角，把他提了起來。

他們說：「我們帶你去見耶穌！」

等他們到達耶穌的家，才發現屋子早就擠得水洩不通，裡面滿滿都是人。但這四個人還是努力從門口擠進去，想要靠近耶穌。

這四個朋友懇求大家：「借過，拜託了！」但是沒有人願意讓開。不過這四個人還是不放棄。

耶穌門前人數愈來愈多，人們甚至爬上了屋頂，攀在屋簷，希望至少能聽到一兩句耶穌說的話。

癱瘓的人對他的朋友說：「沒用的，我們不可能接近耶穌。」

但他的朋友還是不放棄，「一定有辦法的！」最後，他們小心翼翼把他連人帶

毯抬上屋頂。

癱瘓的人說：「耶穌不可能看到我們在上面。」

他的朋友還是不放棄。

屋內，土塊和灰塵「砰！」的一聲掉落到幾個人頭上。

「怎麼搞的？」他們一邊大喊，一邊拍掉頭上和臉上的塵土，然後抬頭一看，發現有四張臉正往下張望。原來那四個朋友把屋頂挖了個洞！

這四個人向下喊著：「借過借過！」接著用繩子把癱瘓的朋友從屋頂慢慢垂降到屋內。啪！癱瘓的人連同毯子準確降落在耶穌面前。

大家安靜了下來。

這些人在耶穌家的屋頂挖洞，耶穌會不會生氣？會不會把他們趕走？

耶穌微微一笑，屋內彷彿灑滿了陽光。他說：「你們這幾個朋友，真是有情有義，即使這麼困難，還是把他帶到我面前了。」

接著，他轉頭看著這個躺在毯子上的人說：「放心，你的罪已經得到赦免。你的腳無法行走，並不是你的錯。」

周圍其他人聽到耶穌的話，有什麼反應？他們為癱瘓的人高興萬分嗎？

不，有些人並不喜歡耶穌，他們開始小聲說耶穌壞話：「他以為他是誰？只有神才有資格說這種話吧！耶穌有權力去赦免人嗎？」

耶穌都知道他們在想什麼。他問：「你們為什麼會冒出這麼不友善又憤怒的念頭呢？」沒有人回答他。

不管這些人多麼無情，或是故意和耶穌作對，都無法阻擋耶穌去做該做的事。耶穌無論如何都會完成神派他來這個世界所要完成的事情。

耶穌再次看著這個躺在他面前的人。

「我要讓你知道，我有權力赦免人，並且讓你看到神在世界上的作為，所以你聽好了。」

耶穌扶起他的手臂，充滿威嚴地說：「站起來！拿起你的毯子，回家。你可以走路回家了。」

癱瘓的人這雙腳從來就沒有站立過，這時候竟大力一蹬，整個人就彈了起來。他打直一隻腳，接著打直另外一隻。這是一雙強壯的腳，雙腳輪流跳著。他看著耶穌的雙眼，這是他第一次能平視對方。

他呆站了一會兒，內心湧出喜悅，燦爛地笑了出來。

他高興到忍不住跳了起來！

現在大家都往他身邊擠，想看清楚一點。但這個人的腳剛能走，只想回家。他捲起毯子夾在腋下，準備回家。

他說：「不好意思，借過。」人們讓開一條路，這個人就用兩隻腳大步走出門。

人們大喊：「太神奇了！」

「從來沒發生過這種事！神真是太偉大、太奇妙了，我們要永遠讚美祂！」

那四個有情有義的朋友呢？

他們笑得最開心。他們癱瘓的朋友現在能夠走路了，簡直是奇蹟！他們現在知道了，還有周圍的人也都知道了，耶穌要去分享神的愛，而且沒有人擋得住他。

耶穌餵飽五千人

有一天，耶穌接到一個令他心碎萬分的消息。他的堂兄施洗約翰被殺了。當年瑪利亞得知自己要生下耶穌時，還是個胎兒的約翰在母親肚子裡高興得一直跳動。耶穌和約翰都長大之後，約翰就在約旦河中為耶穌施洗。

當耶穌聽到約翰的死訊，整顆心都碎了。他需要獨處一下，為約翰好好哀悼，然後獨自禱告。他走到附近的海邊，上了一艘小船，打算把船划到對岸。

海浪輕輕拍打船身，耶穌想起約翰為他施洗時，冰冷的河水在他身邊打轉的感覺。他永遠不會忘記，當他從水中起身的時候，聖靈像美麗的白鴿從天而降，還有天父喜悅的聲音：「這是我的兒子，是我所喜悅的！你們都要聽從他！」

隨著船輕輕搖擺，耶穌又聽到另一個聲音。那不是神從天上呼喚他的聲音，而是人們的聲音。很多、很多人的聲音，他們正在呼喚著耶穌。

人們大喊：「耶穌！耶穌！幫幫我們！」聲音原本像在耳邊細語，接著愈來愈大聲，最後像是隆隆雷聲。耶穌從船上往岸上一看，簡直不敢相信自己的眼睛。

成千上百的人擠在海邊，揮舞著雙手大聲喊叫，就是不肯放過任何機會，想要見見耶穌。

耶穌心中疼痛的感覺漸漸融化，看著這些身體和心靈都在受苦的人們，他內心湧出憐憫。他對他們說：「我來了！」接著趕緊把船划向岸邊。他對這些相信他的

人充滿了愛。

耶穌整個下午都在醫治病人。

有個人說：「我又能走路了！」還有人大聲喊道：「我終於能看見了！」還有很多人，光是聆聽耶穌講述神的愛和仁慈，心中就獲得安慰。

太陽高高掛在天上，照亮了青綠色的山丘。時間一直流逝，天空從明亮的藍色轉成深紫色，然後第一顆星星出現了。

耶穌的門徒們已經忙了一整天，都在幫助村裡的人。他們好不容易找到耶穌，看到他身邊圍著一大群人，嚇了一大跳。

其中一個門徒說：「耶穌，我們現在離村子很遠，要怎麼讓這麼一大群人吃飽呢？」

另一個門徒說：「你要不要請他們趕快回家，這樣他們還來得及在天黑前找東西吃。」

耶穌回答：「不需要這樣。」

「但是他們都餓了！你一定也餓了。你在這裡待了一整天，都沒吃東西。」門徒說。

耶穌再次開口：「你們來餵飽他們。」

門徒你看我、我看你，然後看著耶穌說：「我們？我們可沒錢去幫這麼多人買食物啊！這裡少說也有五千人！」

耶穌又說了一次：「你們來餵飽他們。」

門徒只好問了問四周的人，有沒有人帶食物來：「有人帶食物來，可以分給大家吃嗎？」

人們回答：「沒有。大家都是急急忙忙來找耶穌的，沒有人想到要帶食物來。現在該怎麼辦？時間很晚，我們也都很餓了！」其中一個門徒安德烈，發覺有人拉著他的袖子。一個小男孩提著籃子站在旁邊。

小男孩說：「我的東西可以分給大家吃。」

安德烈看了看籃子裡，點點頭說：「跟我來。」他帶著小男孩去見耶穌。安德烈對男孩說：「讓耶穌看看你有什麼食物。」接著又轉頭對耶穌說：「我們只能找到這些了。」

耶穌掀開蓋住籃子的布巾，裡面有五個圓麵包，以及兩條魚。

安德烈說：「主人，五個麵包和兩條魚不可能餵飽這麼多人啊！」

耶穌不理會安德烈，對所有人說：「大家過來，坐下。來吃晚餐了！」

人們咕噥著說：「謝天謝地，我們都快餓死了！」他們聚在一起安靜坐下來，只有肚子咕嚕咕嚕叫的聲音。

耶穌拿起麵包和魚，向天禱告：「感謝天父，賜給我們這些食物吃。願福氣歸給聚集在這裡的每個人，阿們。」

他把麵包拿給門徒，說：「把麵包分給大家。」

門徒就把麵包剝成幾塊，分發出去。

「每個人拿一點，然後傳給下一個人。」

每個人都剝下一小塊，再把麵包遞給身旁的人，不管是鄰居、朋友，還是從未謀面的陌生人。

沒多久，大家的肚子都填飽了，開始出現開心的談笑聲。

有些人說：「這是我吃過最好吃的麵包。」

還有人說：「魚也好好吃喔！」

「多吃一些吧！」

「沒關係，謝謝，我已經飽了。」

圓圓的月亮攀上昏暗的天空，門徒拿著籃子收集剩下的食物。誰也想不到，竟然會有食物剩下！剩下的食物還裝滿了十二個籃子。

爸爸媽媽對著趴在肩上睡著的小孩說：「我們回家吧！」其他人則打開鋪蓋，直接睡在星空下。那晚，沒有人是餓著肚子入睡的。耶穌餵飽了所有人，他提供的不只是食物，還有神滿滿的愛。

好鄰人

耶穌很喜歡談論神。他對富有的人講神，對貧窮的人講神，也對既不富有也不貧窮的人講神。不過，人們未必全都喜歡耶穌所講的東西，還常常故意問一些刁難的問題。

有一天，這種情況又發生了。那時耶穌遇到一群人，他們自認為已經知道關於神的所有事情。其中一位「專家」問他：「我要做什麼事情才能確定，將來我可以永遠和神住在天上？」

這個人想測試耶穌熟不熟悉《十誡》。好幾百年前，摩西帶領希伯來人離開埃及，前往應許之地時，他們就是按照這十條誡命生活。

耶穌沒有回答，卻反問他：「我們的律法是怎麼說的？」

這個人冷冷一笑。這問題未免太簡單了，有誰不知道答案？

答案就是《十誡》的第一條：「應當全心、全意、全力去愛主、你的神，還要愛你的鄰人像愛自己一樣。」

耶穌說：「沒錯！照著這樣做，你就能在這個世界以及以後的天國，與永生的神共享生命。」

討論應該到這裡就結束了，但這個人繼續追問：「那誰是我們的鄰人？」

耶穌回答：「讓我告訴你一個故事。」耶穌常常用比喻來解釋事情，也就是用日常活中的簡單故事，傳達出神的真理。

耶穌周圍的人們安靜了下來，他們都想聽耶穌說故事。

耶穌說：「有個人，從耶利哥城前往耶路撒冷。這條路上人不多，經常有強盜躲在大岩石後面，等著落單的旅人經過。

「『啊哈！』強盜看到一個人經過，打算對他下手。『來吧，我們上！』」

「他們從岩石後面跳出來，狠狠揍了這個人一頓，還搶走他的錢、剝下他的衣服，然後逃走了，留下那個人奄奄一息躺在路邊。」

「這個可憐的人身受重傷，甚至沒辦法去求救。太陽很炎熱，蒼蠅已經圍在他

身邊，他卻虛弱得動也動不了，只能躺在那裡。」

「這時候，有個祭司經過，看到路上有一團東西。他用手擋住陽光，瞇著眼睛想看清楚那團東西是什麼。他走近一看，才發現是個身負重傷的人，於是他停下腳步。」

「祭司想著：『嗯，不知道他是死是活？』但是他沒有真的去查看，卻告訴自己：『這件事跟我無關，不是我害的。』接著左右張望了一下，確認沒有人在看，就急急忙忙離開現場了。」

人們靜靜聽著耶穌說話。

「過了一會，又有一個人經過，這個人是聖殿中的書吏。」

「他看到這個受重傷的人躺在路邊。『那到底是什麼東西啊？』他很好奇，往前走近幾步想看清楚一點。」

「他大吃一驚：『天哪！是個人！而且看起來傷得不輕。但是我能幫上什麼忙嗎？其他人能幫他，但我不行。我還有很多事情要辦。』他左右張望一下，然後急急忙忙往路的另一頭去，離得遠遠的。」

耶穌繼續說：「下一個路過的，是一個撒瑪利亞人，他是從撒瑪利亞的鄉下地

方來的。」

人們一聽，忍不住說了聲：「呸，撒瑪利亞人！」撒瑪利亞人和猶太人一向有仇，數百年來都是彼此為敵。他們知道，撒瑪利亞人絕對不會伸手幫助這個被強盜打得半死不活的可憐人。

耶穌說：「這個撒瑪利亞人覺得這個受重傷的人很可憐，他沒有左右張望確認有沒有人在看，也沒有急急忙忙走開。他蹲了下來，輕輕清理這個人的傷口，用布

條包紮之後，再輕柔地把受傷的人放上他的驢子，帶到最近的旅店中。」

「他整夜沒睡，細心照顧這個受傷的人。」

「第二天，撒瑪利亞人必須上路了。他拿給旅店老闆一大筆錢，說：『請你好好照顧這個人，一直到他痊癒。我回頭還會經過這裡，如果這筆錢不夠，你再告訴我，我會補給你。』」

耶穌說到這裡，停了下來，先是認真看了看每個人，然後轉頭看著那個發問的人，說：「現在，這三個經過的人當中，誰才是那個可憐人的好鄰人？是祭司？聖殿中的書吏？還是撒瑪利亞人？」

那個所謂的「專家」，該怎麼回答耶穌的問題呢？

他哼了一聲。他可不想說出「撒瑪利亞人」這五個字。

所以他含糊地回答：「用憐憫和仁慈對待他的，就是他的好鄰人。」

耶穌收起了笑容，說：「你說得對！現在你知道該怎麼回答你的問題了。鄰人不只是住在隔壁的人。如果你真心跟隨神，想要永遠跟神住在一起，你就必須好好對待所有的人，包括陌生人、跟你不一樣的人，甚至是那些你不喜歡的人。現在去吧！照這樣做就是了。」

最後的晚餐

　　許多人追隨耶穌，並且相信他真的是神的兒子。但是，也有些人不信，尤其是那些有權有勢的宗教領袖。他們反而覺得耶穌帶來威脅，因此格外討厭他。他們認為，耶穌應該死。

　　每年，以色列人都會紀念摩西帶領他們離開埃及這塊奴役之地，這個紀念日稱為「逾越節」。

　　耶穌告訴門徒：「今晚，我們要一起享用逾越節晚餐。」他知道他就要死了，這也是他最後一次與心愛的門徒用餐，之後他就要回到天父那邊。他還有很多事情要告訴他們。

　　門徒心情沉重地爬上階梯，進到享用最後晚餐的房間。這時，就連天上的星星都顯得黯淡。

　　烤得熱騰騰的麵餅飄散出神聖的香氣，一壺亮晃晃的葡萄酒在燭光中散發出芬芳的氣息。

　　耶穌用他強壯卻溫柔的手，拿起一塊麵餅，祝謝之後就剝成一塊塊，再遞給門徒。他告訴他們：「這是我的身體，會為你們而破碎。」

　　接著，他拿起葡萄酒來祝謝，並且盛滿了所有人的杯子，對大家說：「這是我的血，為你們而流。每當你們吃這個麵餅，喝這個酒，就要想起我。」他們當時並不懂耶穌說的是他的死，他們只是安靜坐著，牢牢記住這一刻發生的所有事情。

　　大家吃過之後，耶穌就脫去他的外衣，在腰間綁上僕人工作用的布巾，跪了下來，一個個清洗門徒又髒又臭的腳。

　　輪到門徒彼得時，他說：「我不懂你在做什麼！你是我們的老師，卻做僕人的工作！我不能讓你洗我的腳！」但耶穌堅持要洗。

洗完後，耶穌開始解釋：「你們稱呼我老師、稱呼我主，我的確是。所以，如果我能對你們這麼做，你們也能對其他人做一樣的事。沒有誰比其他人優越。你們如果相信我，就要記住這件事，並且互相照顧。跟隨我的人，這是我給的新命令。要彼此相愛，就像我愛你們一樣。」

　　耶穌悲傷地嘆了一口氣，說：「我清楚知道你們每個人，我也知道其中有人要背叛我，把我交給敵人，讓他們殺死我。」

　　其中十一個門徒聽了紛紛驚恐地說：「不！」這時猶大卻趕緊站起來，離開他們。他已經偷偷和憎恨耶穌的宗教領袖見了面，也答應他們要背叛耶穌。

　　耶穌對著剩下的十一個門徒說：「我還有很多事情想告訴你們，這些事情你們都應該要知道。我就要死了，我一定要死，才能把人們從罪中拯救出來，讓人們不

再互相傷害而離棄神。但是我死了之後還會活過來，回到天上的父那邊。以後有一天，你們也會到那裡與我相會。」

門徒問：「但要怎麼去？我們要怎麼找到去天國的路？我們不知道哪條路才能到啊！」

耶穌說：「我親愛的孩子，我知道你們的內心傷痛，但是不要難過，也不要害怕。我就是到天國的道路。等時候到了，我就會回來，再帶你們到那裡，永遠與我一起生活。」

「我離開之後，會派聖靈來安慰並引導你們。你們不會孤單。我會賜給你們平安，這是世界永遠無法給予你們的。所以你們不要煩惱，相信神，也要相信我。」

門徒哭喊著：「噢，不要！耶穌你不能死！我們沒辦法承受這些！」

耶穌說：「這種悲傷的時刻，以後也還會遇到。但是每當你感到難過時，要記得，你不會永遠這麼難過。神的愛勝過世界上所有東西，你們會再度找到喜樂。相信我！」

耶穌深深吸了一口氣，「現在，我離開的時候到了。你們是我的朋友，我也愛你們。」他從餐桌起身，踏出沉重的腳步，離開飯廳，走下樓梯，到戶外位在橄欖山腳的園子。所有門徒都跟在後面。

微風吹過橄欖樹枝條上的厚重葉子，沙沙作響，像是園子在哭泣的聲音。

耶穌走入園子深處，對門徒輕聲說：「你們在這裡等，並且為我禱告。」天空飄過的一陣烏雲遮住了星光，世界陷入黑暗。耶穌跪下來，心情就像腳邊的石子一樣沉重。

耶穌開始禱告，他的心幾乎要碎了。「天上的父啊！事情一定要這樣發展嗎？但我屬於你，你怎麼說，我就怎麼做。」

耶穌回到門徒身邊，發現他們都蜷起身子睡著了。他們累壞了，所以沒辦法保持清醒為他禱告。

突然後面傳來一陣雜亂的聲音。憤怒的喊叫、混亂的腳步、刀劍碰撞的聲響，打斷了他們，一群士兵、官員和宗教領袖，來勢洶洶地衝進園子。

帶頭的人，就是門徒猶大。當他看到耶穌，就跑過去親吻了耶穌的臉頰。

這其實是個暗號，告訴士兵這就是他們要抓的人。

其他門徒都嚇壞了，擔心自己性命不保，一窩蜂跑走了。

衛兵抓起了耶穌，帶他到廣場上。

所有痛恨耶穌的宗教領袖都在那裡等著要審問他。

士兵對著耶穌吼叫：「你以為自己是誰？是猶太人的王嗎？好啊！那就把這個戴上。」他們用帶刺的荊棘編成頭冠，硬放上他的頭頂。

那些宗教領袖怒氣沖沖地質問：「你說你是神的兒子？」

耶穌回答：「我是神的兒子。」

他們大吼回去：「很好，那你就得死！」

背叛耶穌的猶大聽到這些，開始後悔自己做的事，但已經來不及挽救了。

耶穌被迫拖著一具沉重的木製十字架，穿過整座城，來到山腳。

人們都圍在旁邊觀看。很多相信耶穌的人也都在那邊，想看看接下來會發生什麼事，卻沒有人試著去阻止耶穌被殺，因為他們很害怕那些宗教領袖連他們也一起殺了。

憤怒的群眾把他的手和腳釘在十字架上，當時所有罪犯都是這樣死的。接著人們就對著他叫囂，並且詛咒他。

他們嘲笑耶穌：「如果你真的是神的兒子，祂怎麼不救你下來？」

耶穌知道，他必須死在十字架上，才能彰顯神愛的能力。因此他完全不抵抗，反而開始禱告：「我的父，請祢原諒他們，他們不知道自己在做什麼。」因為如果他們真的相信耶穌是神的兒子，絕對不敢殺他。

耶穌的母親瑪利亞、她的姊妹，以及其他婦女，也都在一旁觀看。瑪利亞記得打從她兒子出生之後發生的所有事情，她始終將這一切默默放在心中。

她記得那個榮耀的夜晚，星星和天使的頌讚，還有她把她美麗的嬰孩抱在懷中的情景。現在，他卻雙手大開，任憑擺布，被釘在十字架上。

她記得那些喜悅的牧羊人如何跌跌撞撞踏進馬廄，急著告訴所有人：「這是神的兒子！」但現在已經沒有牧羊人喜悅的呼喚，只有群眾粗野、憤怒的叫囂。

她記得三位智者從很遠的地方來到這裡，在他們全家面前跪下來，為這個小小孩子，這位神所選中的彌賽亞，帶來珍貴的禮物。

她看了四周人們嘲笑的臉龐，這些人從各地趕來，就為了要看她兒子死。想著想著，她開始哭了。

耶穌看到了她，也看到身旁的門徒約翰。他用下巴指了指約翰，告訴瑪利亞：「這是你的兒子。」再告訴約翰：「這是你的母親。」從那天開始，約翰就把瑪利亞接到家裡同住，照顧她。

天空烏雲密布，暴風雨來了。午後的陽光全部消失，世界一片黑暗。神所創造的美麗顏色，都不見蹤影。耶穌大喊：「父神，我的生命就交給你了，我的靈魂交到祢慈愛的雙手上。」

說完這幾句話，耶穌就死了。

所有受造物，所有神在愛與喜悅中所創造的美麗事物都陷入深深的悲痛。

有個名叫約瑟的有錢人，他深愛並追隨著耶穌。他得到允許，可以領取耶穌的遺體並好好安葬耶穌。他把耶穌包裹在乾淨的細麻布中，就像瑪利亞當年把嬰孩耶穌細心包裹在布巾中那樣。但是這次，耶穌不是躺在充當搖籃的馬槽中，而是作為墳墓的大洞穴中。

一般來說，遺體埋葬前會經過更多準備工作，不過安息日快到了，而安息日期間什麼工作都不能做。所以約瑟用一塊又重又大的圓石擋在墓穴口，以確保遺體的

安全。

　　耶穌死去的那天，是上天和大地有史以來最悲傷的日子，彷彿世間的光亮都消失了，彷彿世界走到了終點。

　　但這不是終點。神有祂的計畫。

第一個復活節

　　抹大拉的瑪利亞自己一人在家中來回踱步。她還是不敢相信，這件事竟然發生了。幾個月前，耶穌才醫治了她可怕的疾病，從此以後她就一直跟隨著耶穌。她相信他就是神的兒子，是世界的救主。但現在，他竟然死了。

　　耶穌是在前一天死的，而且死得非常悲慘、非常恐怖。之後，他的遺體由約瑟這位跟隨者放到墓穴中。他們來不及好好處理耶穌的遺體，因為猶太律法規定，安息日什麼事情都不能做，而耶穌剛好就在安息日開始的時候死去。瑪利亞想去看看耶穌，但是她必須等到安息日結束，也就是幾個小時之後。

　　這樣悲傷、可怕的日子，有結束的一天嗎？

　　她就在禱告和哀傷中度日。等到太陽下山，漫長的一天終於過完，瑪利亞疲累不堪地睡著了。

　　「瑪利亞，快起來！」她聽到內心有個聲音叫她，所以驚醒了。

　　已經早上了！

　　她趕緊準備香料和油膏，要在耶穌正式下葬前清洗他的身體。她踏出家門時，太陽才剛要出來，外面還是一片漆黑。有幾位婦女已經在等待她，她們都和瑪利亞一樣跟隨耶穌。

　　陽光柔和地穿過早晨的霧，照亮了彎彎曲曲的道路。小鳥從鳥窩中伸長了翅膀，啾啾地唱著歌，像是在對她們說早安。

　　但這樣的早晨，對這些婦女來說卻一點都不美好。她們只是靜靜地朝著墳

墓前進，腳步悲傷又沉重。耶穌走了，她們的人生永遠無法恢復原狀了。她們只想知道：「這世界還會有任何歡樂嗎？」

她們除了悲傷、悲傷，還是悲傷。無法用言語說出的悲傷。

其中一個人問：「擋在耶穌墓前的那塊大石頭，要怎麼才能移開？我們自己是沒辦法推得動的。」

當她們走近墓穴，大地竟開始搖晃、震動，接著崩裂。地震！她們一直跑、一直跑，跑到放置耶穌遺體的地方。

石頭被推離了墓穴口，上面還坐著一位天使！天使如閃電般耀眼，身穿的袍子比雪還要白。

大地停止震動，但是那些婦女的內心彷彿還在搖晃。她們太震驚了，手上拿著的香料罐子掉在地上，滾到天使腳前。她們趕緊用雙手遮著臉。

天使對她們說：「不要害怕。」當年瑪利亞知道自己要生下耶穌時，還有約瑟聽到瑪利亞要生孩子的消息卻搞不清怎麼回事時，以及牧羊人得知耶穌誕生的好消息時，天使也都對他們說了一樣的話：不要害怕。

這些婦女坐了起來，仔細聆聽。

天使問：「你們為什麼來墳墓找耶穌呢？這裡是放置亡者的地方，但我要告訴你們好消息，天大的好消息。耶穌沒有死，耶穌活著！他活著！」

他還活著？怎麼可能？這些婦女不敢相信自己的耳朵。她們親眼看著耶穌被釘在十字架上，看著他斷氣，看著他了無生氣的軀體被抬進墓穴。

他還活著？不可能！

天使微笑著說：「你們自己進去看看吧！」

她們急忙站了起來，進到墓穴裡，發現就像天使說的一樣。她們只看到一堆疊得整整齊齊的布巾，是原本用來包裹耶穌遺體的。現在遺體卻不見蹤影，到底到哪裡去了？

天使說：「還記得嗎？耶穌受死前，曾經告訴你們他會從死裡復活。所有事情都照他說的發生了，都照神的計畫進行。神的能力超越死亡！現在，你們的工作就是告訴門徒你們發現了什麼。要讓所有人都知道耶穌復活的大好消息。去吧！快去吧！告訴大家，耶穌復活了！」

這些婦女的腳步不再沉重，輕盈得像是飛上天的鳥兒。快！快！快去！

快點，把這個好消息傳出去，讓大家都知道！

這真是榮耀的日子！原本最悲傷的日子，突然成為全世界最喜悅的日子。當太陽在復活節當天升起，神的兒子也復活了。耶穌從死裡復活，永遠不會再死去了！這天的陽光比以往都閃耀，天空比以往都蔚藍，鳥兒的歌聲比以往都嘹亮。

樹枝在風中舞動，像是高興得拍著手。

當瑪利亞一行人回到鎮上，她們緊張得要無法呼吸了。但瑪利亞還是兩步併作一步，飛奔上階梯。沒多久前，耶穌與門徒還在這個地方一起享用最後的晚餐。她衝進房間，發現窗戶關得緊緊的，門徒全擠在黑暗的角落。

瑪利亞叫道：「醒來！快醒來！我有好消息要告訴你們！全世界最棒的消息！天大的好消息！耶穌還活著！」

門徒說：「什……什麼？這太可笑了，你別在這邊胡說八道。」

瑪利亞說：「是真的，我親眼看見。墳墓是空的，耶穌復活了！他跟我們說過他會復活，現在他真的復活了。」

門徒回答：「簡直胡扯！」瑪利亞沒辦法讓他們相信，只好離開。

門徒就在黑暗的房間中待了一整天。當天晚餐，他們烤了魚來吃，並談論著耶穌的事。突然間，一位特別的訪客出現在他們中間。

訪客對他們說：「願你們平安。」

這個人聽起來像是耶穌，但怎麼可能？

他們嚇得大叫：「有鬼！」

訪客問：「為什麼害怕呢？是我，我是耶穌。來吧！摸摸我的手和腳。鬼魂沒有血肉，但我有。」

上一次他們見到耶穌時，耶穌死得極為悲慘。現在，他卻完好無傷地出現在大家面前，身上還發出光。這不是燭光，而是發自他內心深處的光芒。

他們問：「你怎麼可能在這裡？」

耶穌又說了一次：「願你們平安。神深愛你們，派我這個獨生子來到世間並且死在十字架上，是為了救你們脫離罪惡，脫離那些會把你們與神分隔開來的事物。如果你相信我，你就是相信神，你所做的一切背離祂的事情，祂都能原諒。」

「現在，我派你們去告訴其他人這個好消息：我活著！死亡無法阻止我，神的愛是永遠的。」

然後耶穌對著他們吹了一口氣，「我把聖靈賜給你們，這是神的氣息。你們無法看見聖靈，聖靈卻會賜給你們生命。當你們傷心時，聖靈會安慰你們；當你們失落時，聖靈會引導你們。」

接著，他就離開了。

門徒相信了，而且內心湧出一陣前所未有的喜悅。

他們等不及要去告訴其他人這個好消息！

海邊的早餐

耶穌死而復活之後幾個星期，彼得、約翰，以及幾個門徒，相約在夜晚的加利利海邊。

彼得說：「我要去捕魚了。」他在跟隨耶穌之前，就是個漁夫，他也很喜歡捕魚。現在耶穌不在他身邊，除了捕魚，他也不知道還能做什麼。

其他門徒說：「我們跟你一起去吧！」

他們捕魚捕了一整夜，但什麼都沒捕到。

太陽再度從海面上升起，水面閃爍著金色光芒，海浪溫柔地拍打著船身。

門徒遠遠看到一個人站在昏暗的海灘上。

這個人對他們說：「你們有捕到什麼嗎？」

門徒有氣無力地回答：「什麼都沒有。」

那個人說：「把網撒在船的另一邊，就會捕到一些魚！」

門徒照辦了，反正再試一次也好。

網子拉了起來，好多魚在裡面大力擺動，多到門徒沒辦法把網子拖上船。

太陽漸漸升起，那個人的臉龐也愈來愈清楚。約翰看清了那個人的臉，心臟差

點從他胸膛跳出來。

他大叫：「是耶穌！我們的主！」

彼得聽到，一頭就跳進水裡，打得水花四濺，使勁游向耶穌。

耶穌身旁有一團炭火燒得霹啪作響，上面的烤魚香氣撲鼻，還搭配新鮮麵包。耶穌微笑著對門徒說：「來吃早餐吧！有誰餓了？」

門徒的肚子餓了，但更希望能與所愛的耶穌在一起。耶穌在一個個盤中盛滿了食物，遞給門徒。門徒想起耶穌在最後的晚餐時說過：「每當你們一起吃麵餅，就要想起我。」現在，耶穌就跟他們坐在一起，怎麼可能忘記他？

門徒又累又快樂，珍惜地吃著耶穌為他們準備的食物。從來沒吃過這麼好吃的早餐！然後他們躺在溫暖的沙地上休息。

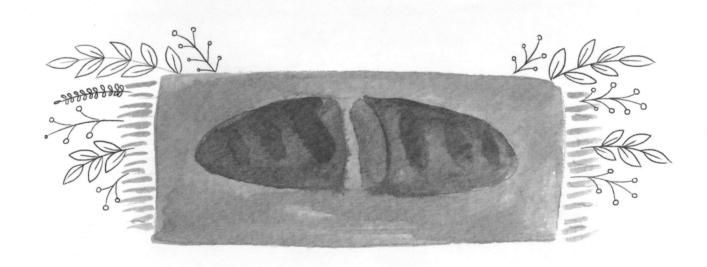

耶穌和彼得在海灘上散步，潮溼的沙灘留下他們的足跡。他們離開其他人一段距離之後，耶穌說話了。

他用下巴指指其他門徒說：「彼得，你愛我嗎？」

彼得深深吸了一口氣。這是什麼問題？

他回答：「當然，你知道我愛你。」

耶穌說：「餵養我的羊。」

接著耶穌又問了一次。

「彼得，你是否愛我，勝過愛其他人？你是否愛我，像你愛神一樣？」

彼得第二次回答說：「是的，我的主，你是知道的。」

耶穌說：「餵養我的羊。」

第三次耶穌又問：「彼得，你是否愛我，甚至勝過愛生命？」

彼得的臉色黯淡了下來。同樣的問題，耶穌為什麼一問再問？難道不相信他的答案嗎？

彼得大聲回答：「你知道一切的！你知道我愛你的！我是全心、全意、全力愛著你。」

耶穌回答：「餵養我的羊。」

彼得想起耶穌曾經稱自己為「好牧人」，也稱追隨他的人為「羊群」。這時，彼得才了解到，耶穌希望他去照顧未來會追隨耶穌的人。

耶穌進一步解釋：「未來的日子並不會很好過，就像我跟你說過的一樣。人們未必能夠明白，即使跟隨我很難，我還是需要你努力嘗試。為了我，要善待他人、彼此饒恕，並且讓全世界的人都知道我！相信我的人，我會賜他生命。最重要的是記住這點：『我與你同在，一直同在，永遠同在。即使你們見不到我，我仍然在你們身邊。我永遠不會離開你們。』」

彼得保證，他會盡一切力量去跟隨耶穌，並且照顧他的羊群。

往後，他確實遵守了這個約定。

耶穌後來又在幾個地方，在門徒面前現身。最後一次，他把門徒們集合起來。

「時候到了，我要回到天上的父那邊。現在，我命令你們要到世界每個角落，讓人們知道我，知道神的愛和饒恕。要記得我告訴過你們的每件事，也永遠不要忘記，我會永遠與你們同在，直到世界的終結。」

現在，耶穌確實實現了許多神奇的事情，而且還會繼續下去。

神的兒子耶穌所做過的榮耀事蹟，就算寫了一整個世界的書，也寫不完。

這些故事都在聖經中

舊約

新約